Anna-Lena Gerber

Heißluftfritteuse

Rezeptbuch für Anfänger, Berufstätige, Studenten & Faule

Alle Ratschläge in diesem Buch wurden vom Autor und vom Verlag sorgfältig erwogen und geprüft. Eine Garantie kann dennoch nicht übernommen werden. Eine Haftung des Autors beziehungsweise des Verlags für jegliche Personen-, Sach- und Vermögensschäden ist daher ausgeschlossen.

Email: info@edition-lunerion.de
www.edition-lunerion.de

Psiana eCom UG
Berumer Str. 44
26844 Jemgum

Vorwort

Im Alltag haben Sie genug um die Ohren und oft muss es einfach schnell gehen? Selbstgemacht und gesund ist Ihnen aber trotzdem wichtig? Und vor allem sollen Genuss, Geschmack und Abwechslung dabei nicht auf der Strecke bleiben? Kein Problem! Denn wie das dank Heißluftfritteuse kinderleicht klappt, zeigt Ihnen dieses unkomplizierte Rezeptbuch!

Kochen, backen, frittieren, komplette Mahlzeiten zubereiten und dabei auch noch mühelos an Fett sparen: So lassen sich kurz und kompakt die unschlagbaren Vorteile einer Heißluftfritteuse zusammenfassen – und dazu schont sie Vitamine und nimmt Ihnen jede Menge Arbeit ab. Grund genug, das ungenutzte Gerät abzustauben, ihm einen Ehrenplatz in der Küche zu geben und mit diesem Kochbuch ein völlig neues Kapitel in der Alltags-Ernährung aufzuschlagen. Ob leckeres Frühstück, selbstgebackene Brotspezialitäten, nahrhafte Hauptgerichte, feine Snacks oder verführerische Süßspeisen, hier entdecken Sie eine Riesenauswahl für jeden Geschmack, bei der Fleischfreunde, Fischfans, Veggies und Süßschnäbel gleichermaßen auf ihre Kosten kommen.

Guten Appetit!

INHALT

Hauptgerichte mit Fleisch 25

Hauptgerichte mit Fisch 48

Frühstück

FRITTATA

2 Port.

30 Min.

Leicht

Zutaten

4 Eier
140 g Schinkenwürfel
50 g geriebener Käse
1 Zwiebel
Öl

Nährwerte p. P.

353 kcal
4 g Kohlenhydrate
22 g Fett
34 g Eiweiß

1 Schälen Sie die Zwiebel und schneiden Sie sie in Würfel. Vermengen Sie alle Zutaten miteinander.

2 Fetten Sie eine für die Heißluftfritteuse geeignete Auflaufform mit Öl ein und geben Sie die Frittata hinein.

3 Backen Sie die Frittata bei 180 °C für ca. 20 Minuten.

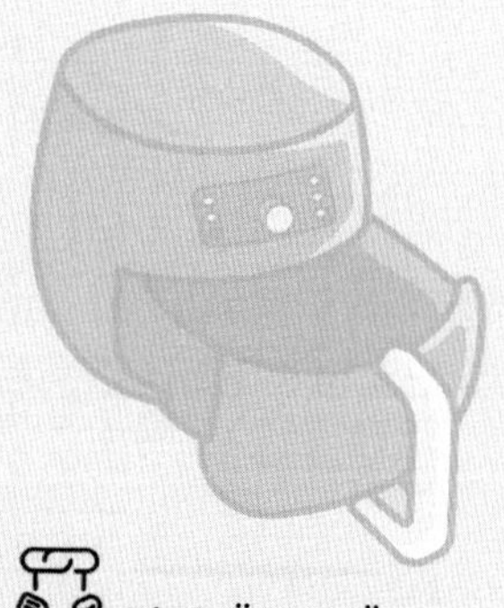

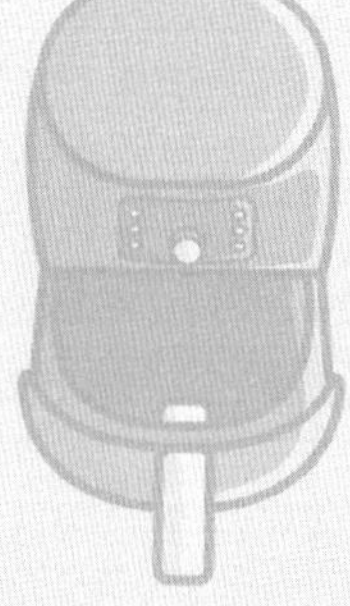

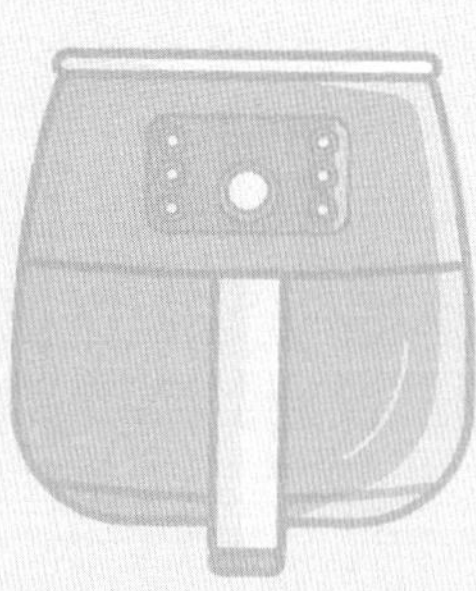

BRIOCHE

4 Port.

1,5 Std.

Leicht

Zutaten

350 g Mehl
3 Eier
150 g Butter
50 g Zucker
12 g Hefe
75 ml Milch
1 Pr Salz

Nährwerte p. P.

697 kcal
80 g Kohlenhydrate
37 g Fett
10 g Eiweiß

1 Verrühren Sie die Hefe mit der Milch und 10 g Zucker. Verrühren Sie die restlichen Zutaten miteinander.

2 Formen Sie in der Mitte eine Mulde und fügen Sie die Eier und die Hefemischung hinzu. Verkneten Sie alles zu einem Teig.

3 Lassen Sie den Teig ca. 60 Minuten lang ruhen.

4 Teilen Sie den Teig in mehrere gleich große Kugeln. Backen Sie die Kugeln bei 180 °C etwa 15 Minuten lang.

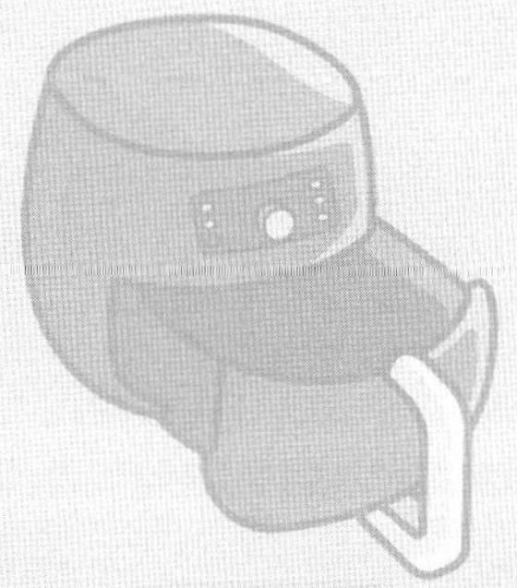

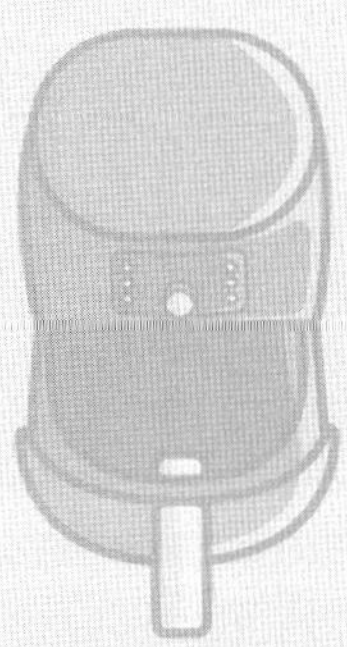

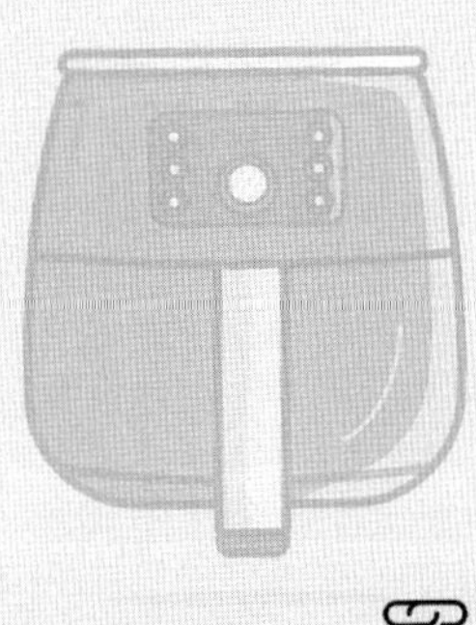

HAFERSTANGEN

2 Port.

15 Min.

Leicht

Zutaten

150 g Quark
150 g Haferflocken
50 ml Milch
1 Ei
½ Pck. Backpulver

Nährwerte p. P.

395 kcal
49 g Kohlenhydrate
12 g Fett
21 g Eiweiß

1 Verkneten Sie alle Zutaten gut miteinander und formen Sie sie zu gleich großen Stangen.

2 Backen Sie die Stangen bei 180 °C etwa 10 Minuten lang.

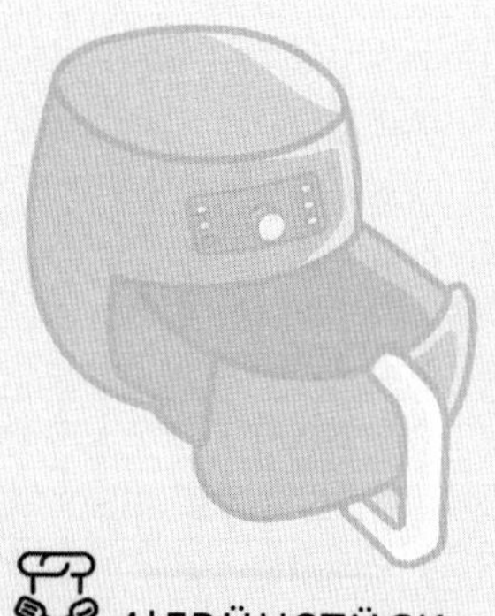

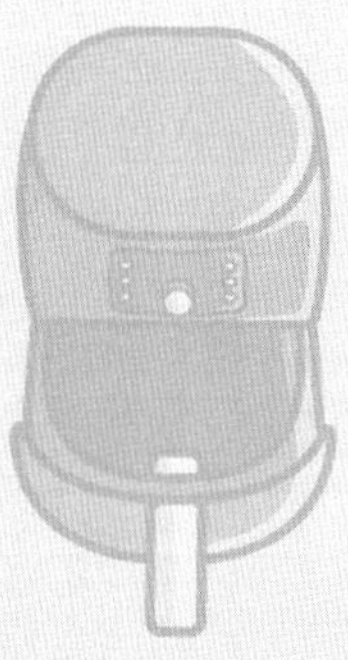

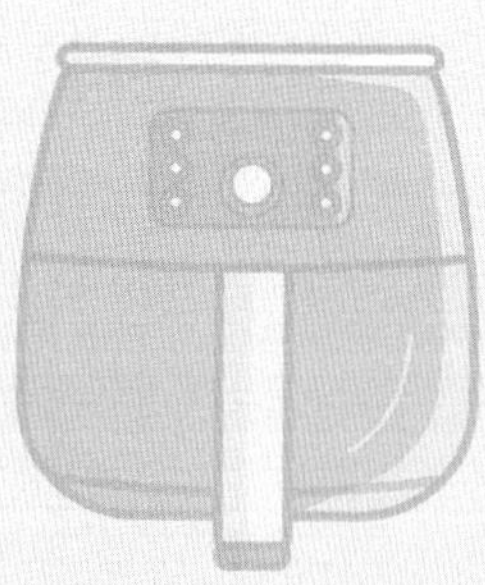

ÜBERBACKENE BRÖTCHEN

2 Port.

20 Min.

Leicht

Zutaten

2 Brötchen
4 Eier
50 g Schinkenwürfel
50 g geriebener Käse
Salz, Pfeffer

Nährwerte p. P.

436 kcal
32 g Kohlenhydrate
22 g Fett
27 g Eiweiß

1 Halbieren Sie die Brötchen und höhlen Sie sie aus.

2 Füllen Sie die Aushöhlungen mit den Eiern, dem Schinken und dem geriebenen Käse. Schmecken Sie alles mit Pfeffer und Salz ab.

3 Überbacken Sie die Brötchen bei 180 °C für etwa 12 Minuten.

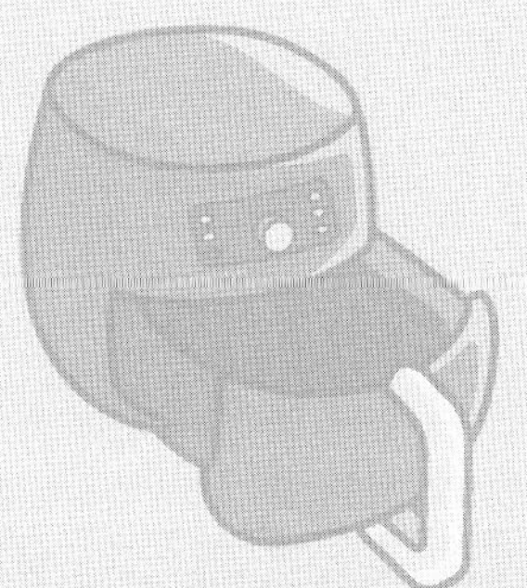

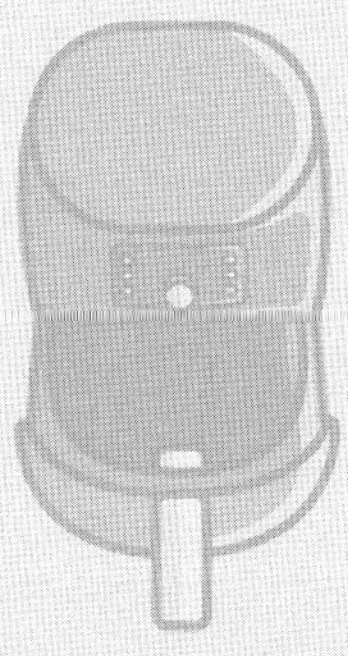

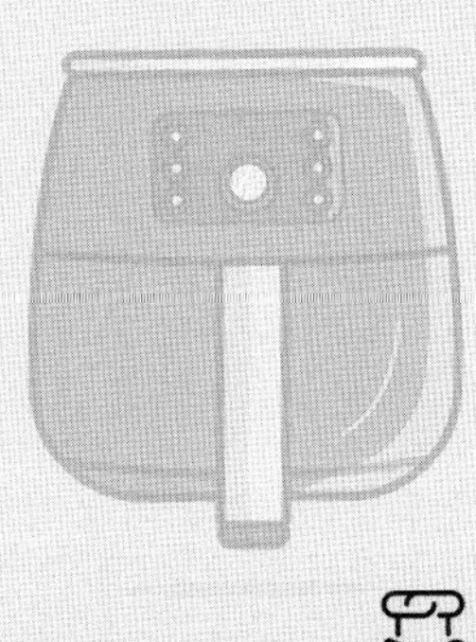

VEGANES OMELETT

2 Port.

15 Min.

Leicht

Zutaten

120 ml Wasser
60 g Kichererbsenmehl
1 Frühlingszwiebel
1 EL Pflanzenöl
1 TL Backpulver
Salz, Pfeffer

Nährwerte p. P.

576 kcal
54 g Kohlenhydrate
30 g Fett
16 g Eiweiß

1 Waschen und zerkleinern Sie die Frühlingszwiebel.

2 Verrühren Sie alle Zutaten miteinander und schmecken Sie das Omelett mit Pfeffer und Salz ab.

3 Backen Sie das Omelett bei 190 °C 10 Minuten. Wenden Sie es ab der Hälfte der Zeit.

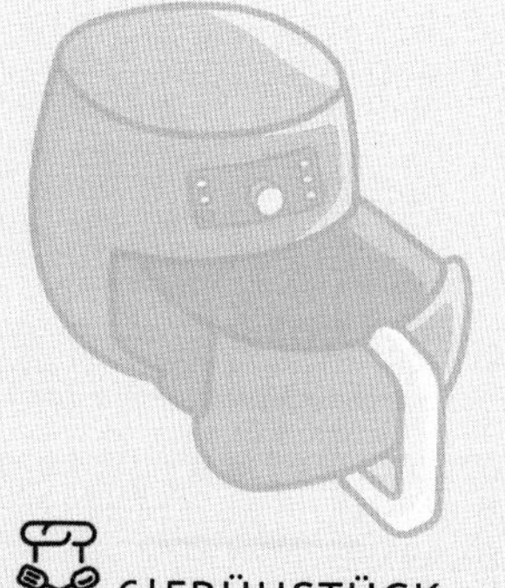
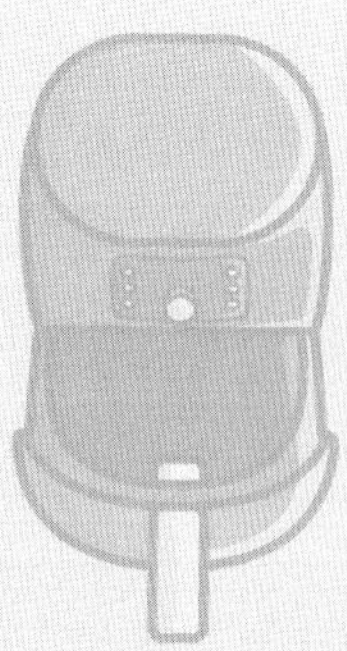
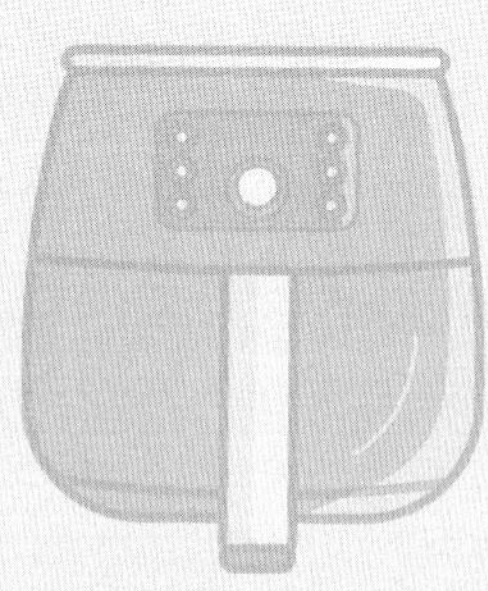

BAKED OATMEAL

4 Port.

25 Min.

Leicht

Zutaten

100 g Haferflocken
160 ml Pflanzenmilch
50 ml Agavendicksaft
2 Äpfel
1 Banane
3 EL Haselnusscreme
1 EL Backpulver

Nährwerte p. P.

281 kcal
41 g Kohlenhydrate
10 g Fett
6 g Eiweiß

1 Geben Sie alle Zutaten, abgesehen von den Äpfeln und dem Agavendicksaft, in einen Mixer oder pürieren Sie sie mit einem Pürierstab.

2 Schälen, entkernen und würfeln Sie die Äpfel. Heben Sie sie unter den Teig.

3 Backen Sie das Oatmeal bei 160 °C 15 – 20 Minuten lang in der Heißluftfritteuse.

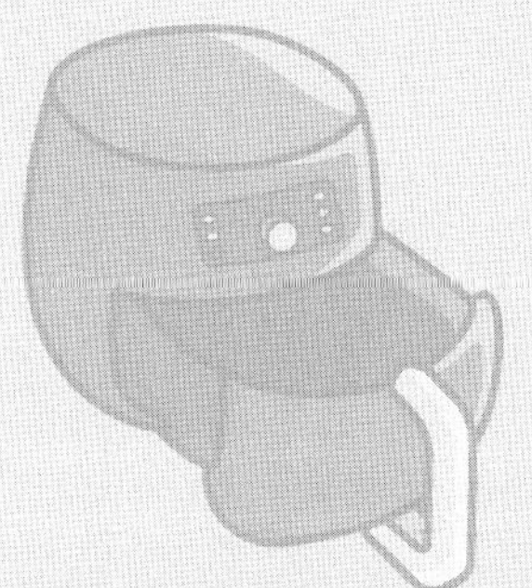

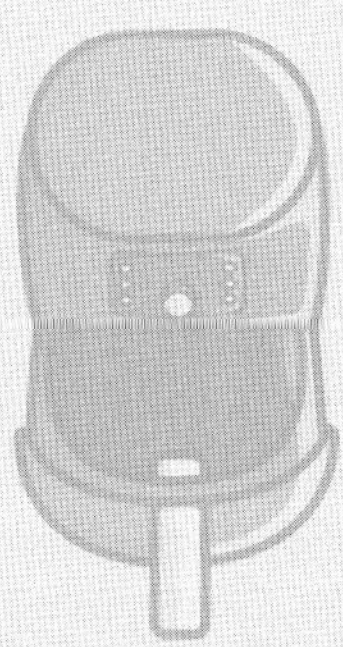

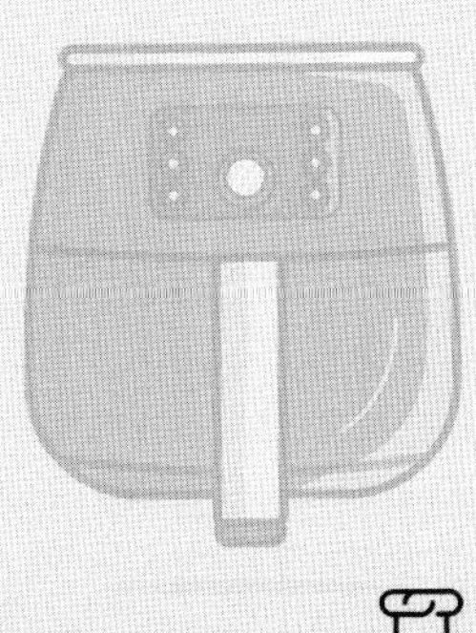

GEBACKENES TOAST

4 Port.

10 Min.

Leicht

Zutaten

4 Eier
4 Scheiben Toastbrot
4 EL geriebener Käse
Salz, Pfeffer

Nährwerte p. P.

139 kcal
10 g Kohlenhydrate
7 g Fett
8 g Eiweiß

1 Verquirlen Sie das Ei mit etwas Pfeffer und Salz und wälzen Sie die Toastbrotscheiben darin.

2 Geben Sie den Käse auf das Toastbrot. Backen Sie das Toastbrot bei 180 °C etwa 8 Minuten lang.

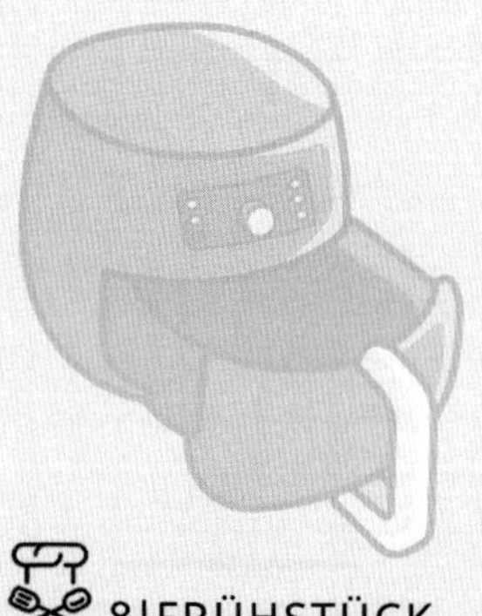

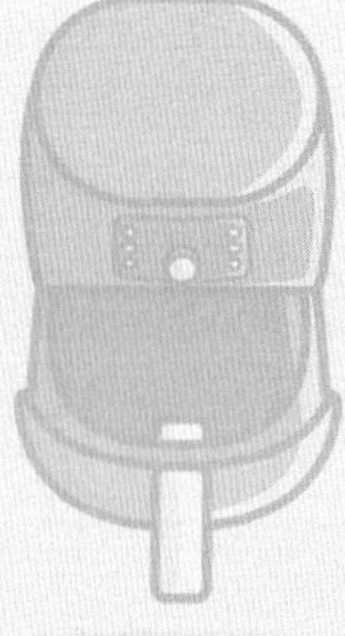

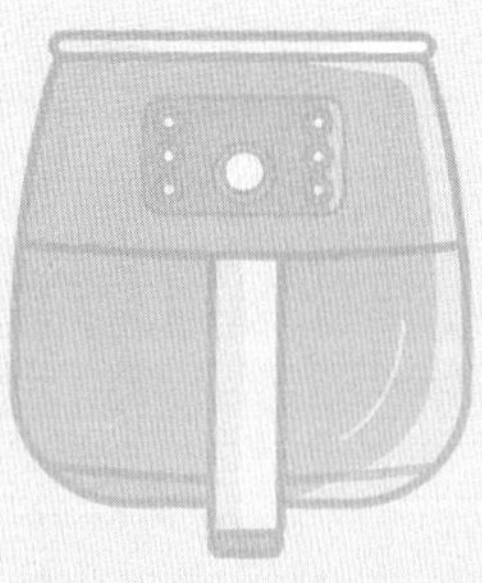

FRÜHSTÜCKSMUFFINS

4 Port. 25 Min. Leicht

Zutaten

4 Scheiben Toastbrot
4 Eier
50 g Schinkenwürfel
Je 1 Pr Salz und Pfeffer

Nährwerte p. P.

136 kcal
10 g Kohlenhydrate
6 g Fett
9 g Eiweiß

1 Drücken Sie das Toastbrot flach und schneiden Sie es kreisförmig aus. Geben Sie es dann in Muffinförmchen.

2 Teilen Sie die restlichen Zutaten auf die Muffins auf. Backen Sie die Muffins bei 190 °C etwa 15 Minuten lang.

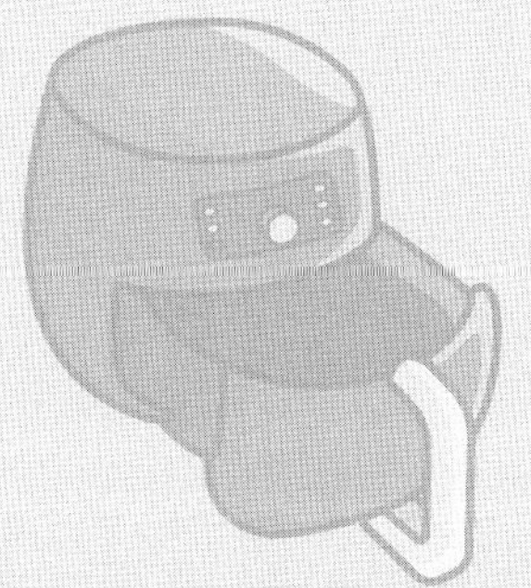
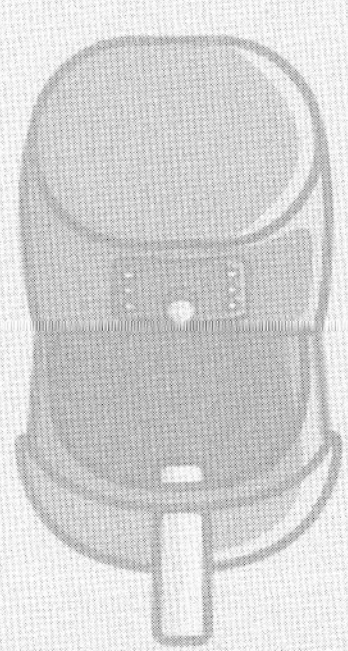
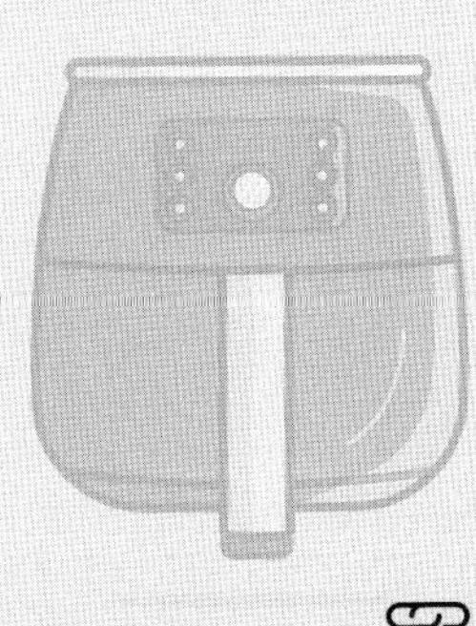

PORRIDGE

1 Port.

10 Min.

Leicht

Zutaten

4 EL Haferflocken
1 TL Chiasamen
1 TL Proteinpulver
1 TL Hanfsamen
1 TL Kakaopulver
4 EL Milch
1 Handvoll Obst

Nährwerte p. P.

548 kcal
64 g Kohlenhydrate
25 g Fett
13 g Eiweiß

1 Vermischen Sie alle Zutaten, bis auf das Obst, miteinander.

2 Geben Sie den Porridge bei 200 °C etwa 7 Minuten lang in die Heißluftfritteuse.

3 Geben Sie das Obst auf den Porridge. Sollten Sie Tiefkühlobst verwenden, geben Sie dieses 1 Minute vor Abschluss der Backzeit mit in die Heißluftfritteuse.

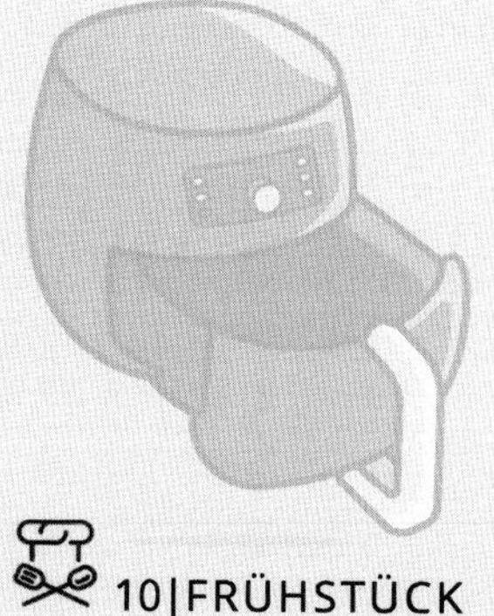

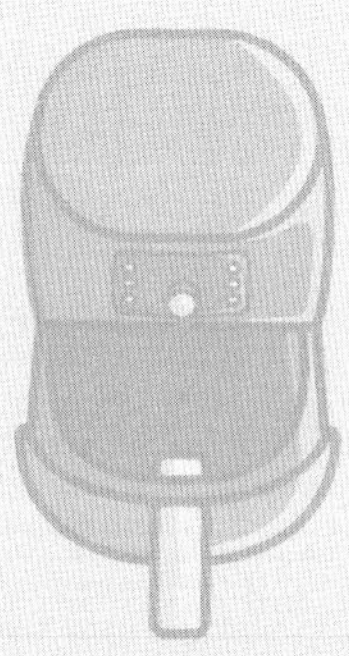

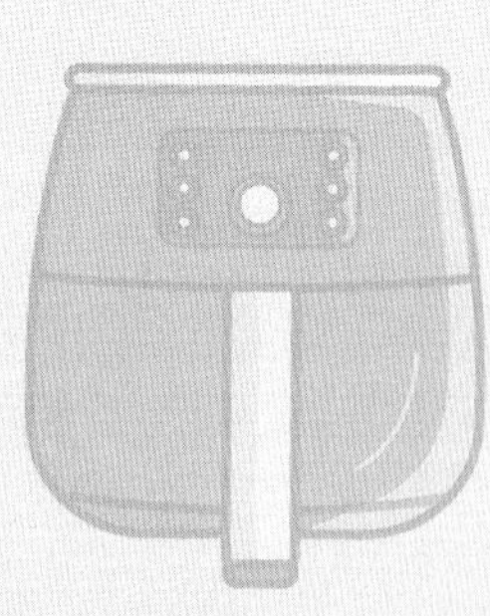

MÜSLIRIEGEL

4 Port.

1 Std.

Leicht

Zutaten

300 g Haferflocken
100 g Marillen
50 g Mandeln
50 g Cranberrys
50 ml Kokosöl
6 EL Agavendicksaft
1 Apfel
1 Banane

Nährwerte p. P.

548 kcal
64 g Kohlenhydrate
25 g Fett
13 g Eiweiß

1 Waschen Sie den Apfel, entfernen Sie die Kerne und zerreiben Sie ihn. Die Banane schälen Sie und zerdrücken sie danach.

2 Vermischen Sie alle Zutaten miteinander und schneiden Sie die Masse in Riegel.

3 Backen Sie die Riegel bei 140 °C für etwa 40 Minuten.

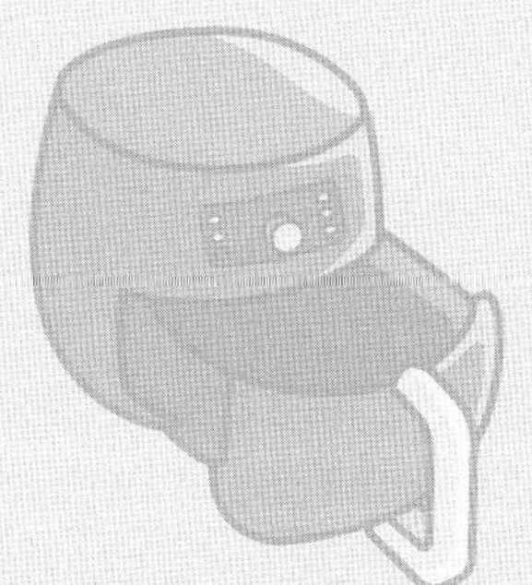

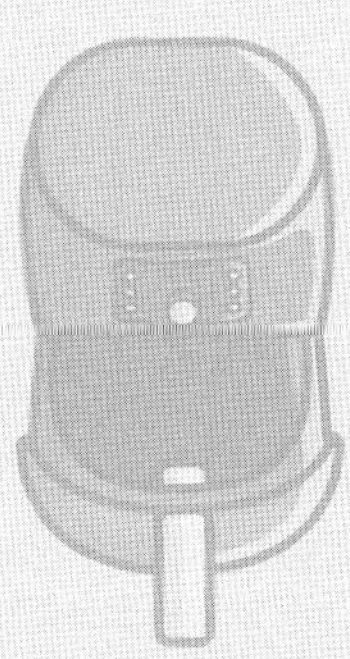

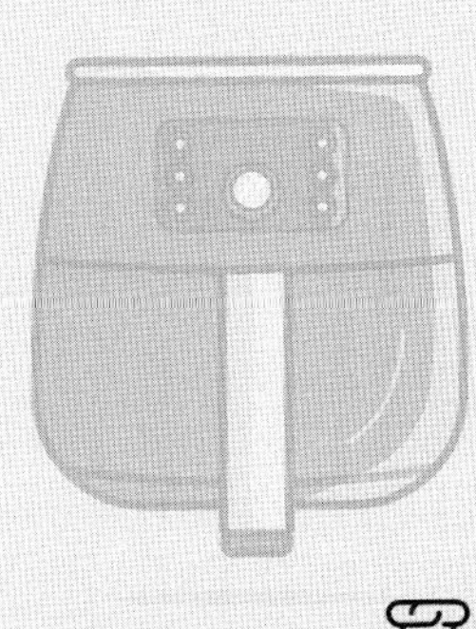

Salate

RÖSTKARTOFFEL-FELDSALAT

4 Port. 30 Min. Leicht

Zutaten

750 g Kartoffeln
200 g Feldsalat
100 g Feta
1 Knoblauchzehe
2 Spritzer Zitronensaft
3 Handvoll Cherrytomaten
3 EL Rapsöl
1 EL Honig
1 EL Senf

Nährwerte p. P.

249 kcal
37 g Kohlenhydrate
6 g Fett
9 g Eiweiß

1 Waschen Sie die Kartoffeln und schneiden Sie sie in kleine Würfel.

2 Verrühren Sie den Zitronensaft mit dem Honig und dem Senf und verrühren Sie diese Marinade mit den Kartoffeln.

3 Rösten Sie die Kartoffeln bei 180 °C für etwa 20 Minuten.

4 Schneiden Sie die verbliebenen Zutaten klein. Vermischen Sie alle Zutaten miteinander.

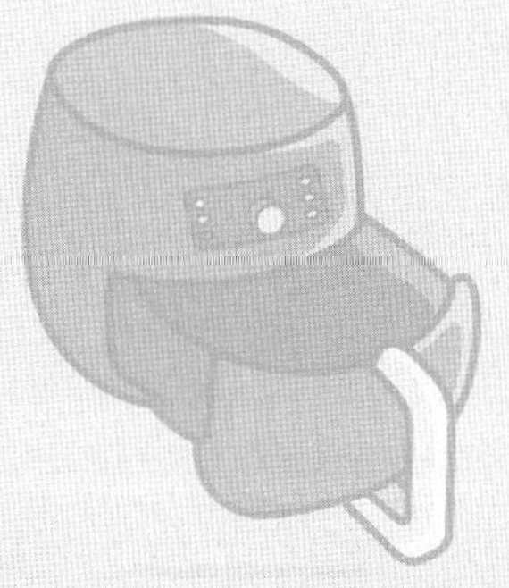 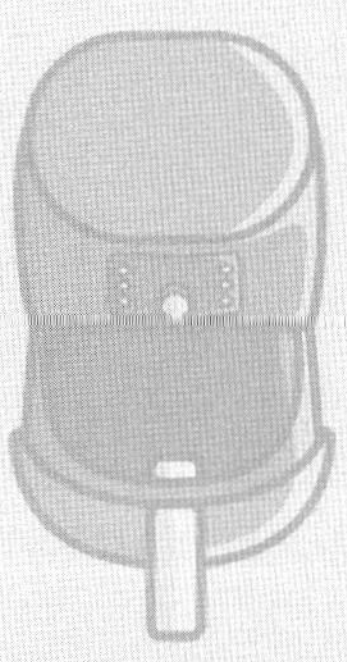 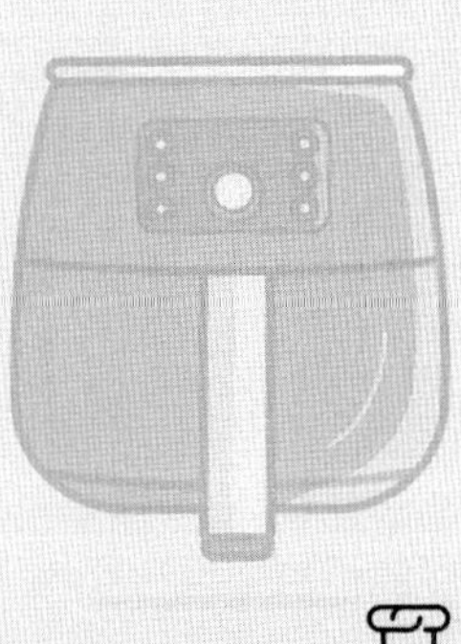

TOMATE-MOZZARELLA-SALAT

2 Port.

25 Min.

Leicht

Zutaten

200 g Mozzarella
200 g Cherrytomaten
2 Kartoffeln
2 EL Pesto
2 EL Pinienkerne
Kräutermischung

Nährwerte p. P.

553 kcal
29 g Kohlenhydrate
26 g Fett
24 g Eiweiß

1 Schälen Sie die Kartoffeln und schneiden Sie sie in mundgerechte Stücke. Geben Sie sie dann für 15 Minuten bei 180 °C in die Heißluftfritteuse.

2 Waschen Sie in der Zwischenzeit die Tomaten und halbieren Sie sie. Schneiden Sie auch den Mozzarella klein.

3 Vermischen Sie alle Zutaten miteinander und schmecken Sie den Salat mit einer Kräutermischung ab.

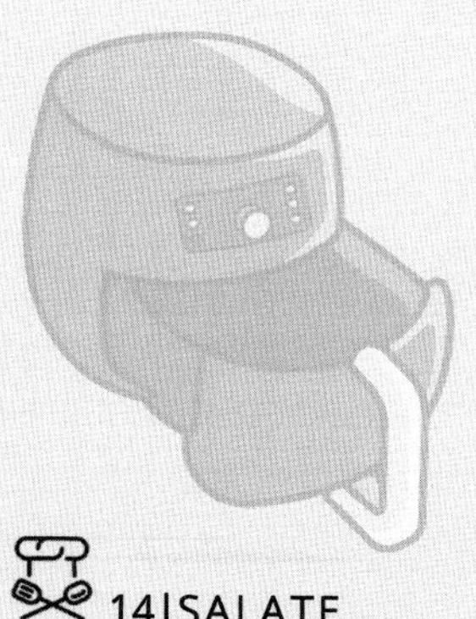

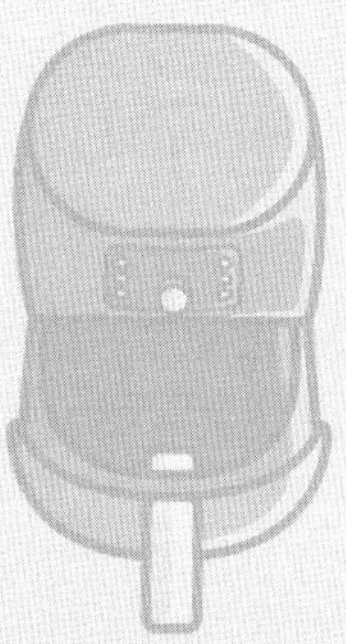

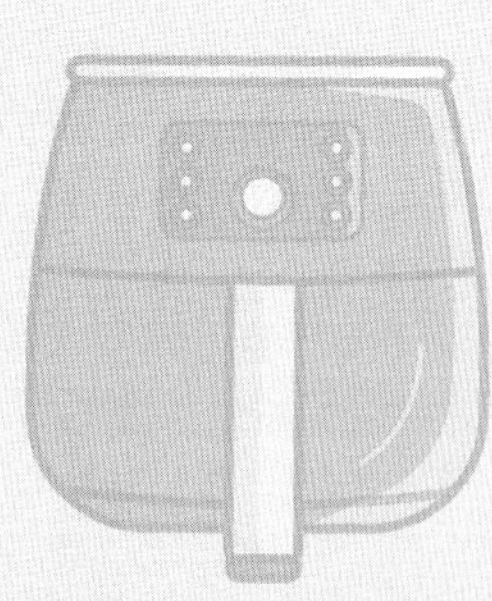

RUCOLA-SALAT

2 Port.

25 Min.

Leicht

Zutaten

300 g Rucola
50 g Cherrytomaten
80 g Feta
50 g Schinkenwürfel

Nährwerte p. P.

275 kcal
15 g Kohlenhydrate
15 g Fett
16 g Eiweiß

1 Geben Sie die Schinkenwürfel bei 180 °C für etwa 10 Minuten in die Heißluftfritteuse.

2 Waschen Sie in der Zwischenzeit den Rucola und die Tomaten und halbieren Sie die Tomaten. Den Feta schneiden Sie in kleine Würfel.

3 Vermischen Sie alle Zutaten miteinander.

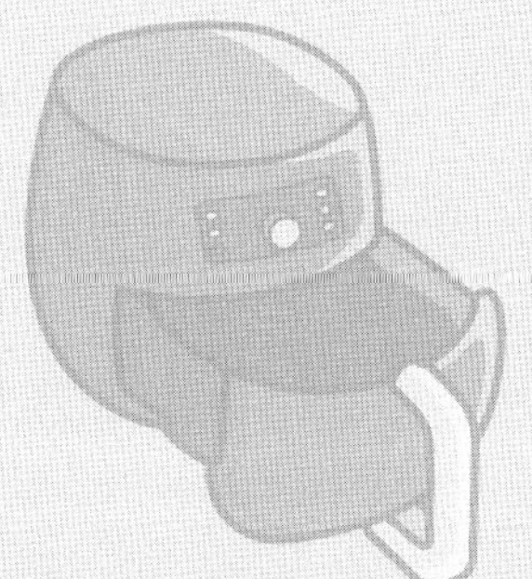

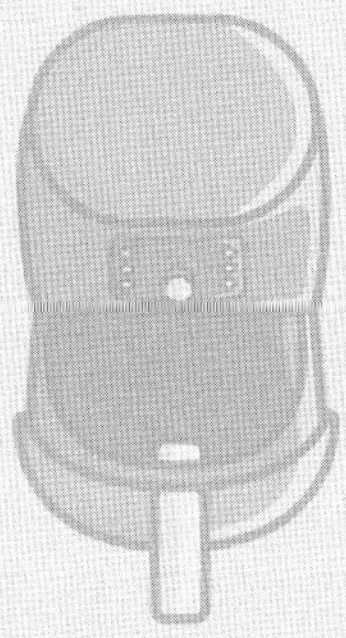

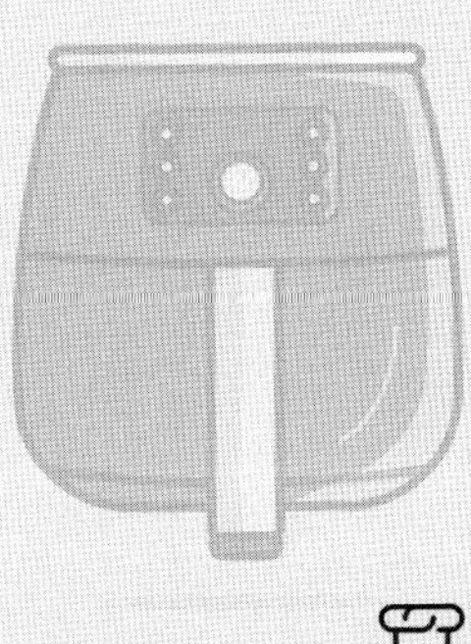

GRILLED-CHICKEN-SALAT

2 Port.

25 Min.

Leicht

Zutaten

500 g Hähnchenbrust
150 g Feta
1 Gurke
50 g Cherrytomaten
1 Handvoll Rucola
1 Salatherz
5 EL Olivenöl
2 EL Senf
1 EL Honig
2 EL Balsamico
2 TL Brathähnchengewürz

Nährwerte p. P.

532 kcal
6 g Kohlenhydrate
25 g Fett
71 g Eiweiß

1 Schneiden Sie alle Zutaten klein. Mischen Sie das zerkleinerte Fleisch mit 2 EL Öl und dem Brathähnchengewürz und geben Sie es dann bei 160 °C für etwa 10 Minuten in die Heißluftfritteuse.

2 Verrühren Sie das restliche Olivenöl mit dem Honig, dem Senf und dem Balsamico.

3 Verrühren Sie alle Zutaten miteinander und geben Sie dann das Dressing über den Salat.

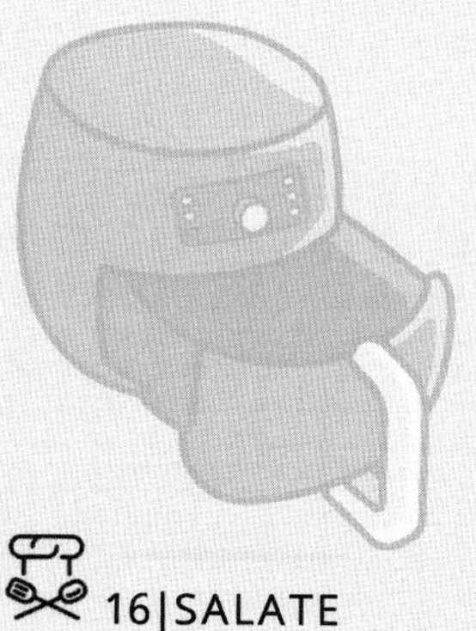

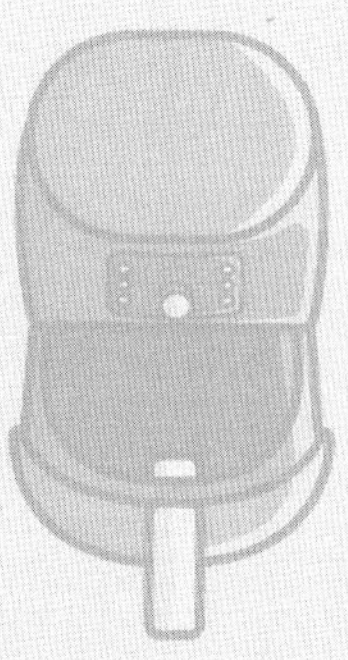

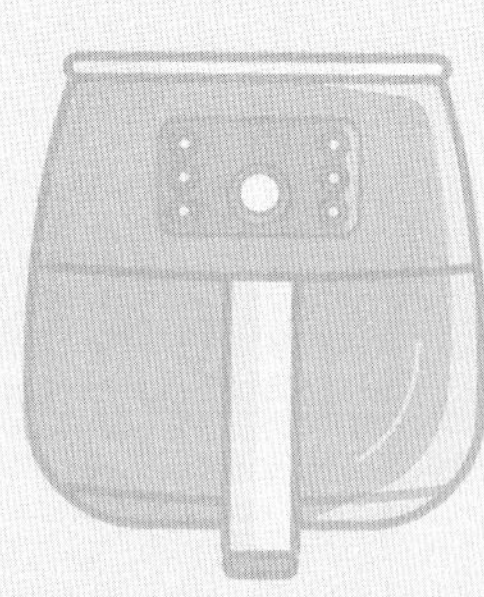

Brote und Brötchen

ITALIENISCHES LANDBROT

1 Port.

1 Std. 10 Min.

Leicht

Zutaten

500 g Weizenmehl
200 ml Wasser
20 g Hefe
100 ml Olivenöl
1 TL Zucker
½ TL Salz

Nährwerte p. P.

130 kcal
16 g Kohlenhydrate
4 g Fett
3 g Eiweiß

1 Vermischen Sie das Mehl mit der Hefe, dem Salz und dem Zucker. Geben Sie das Wasser hinzu und verkneten Sie alles zu einem glatten Teig. Lassen Sie den Teig für 10 Minuten gehen.

2 Geben Sie das Öl dazu, kneten Sie noch einmal kräftig durch und lassen Sie den Teig dann weitere 20 Minuten gehen.

3 Geben Sie das Brot bei 200 °C für ca. 30 Minuten in die Heißluftfritteuse.

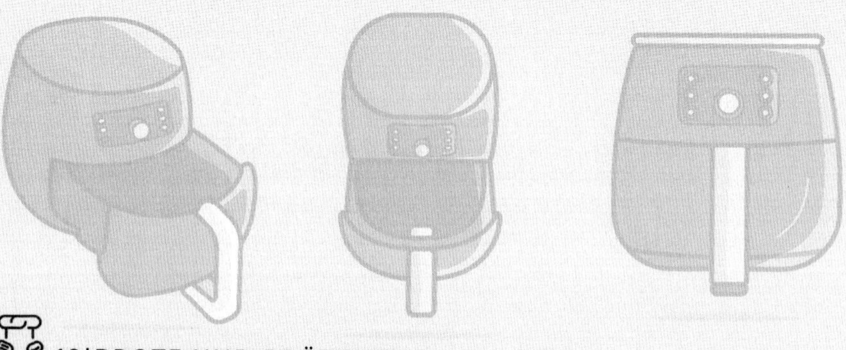

BROTCHIPS

6 Port.

25 Min.

Leicht

Zutaten

1 altes Brot
6 EL Olivenöl
Salz
Kräutermischung
Pfeffer

Nährwerte p. P.

588 kcal
112 g Kohlenhydrate
6 g Fett
15 g Eiweiß

1 Schneiden Sie das Brot in Scheiben. Bestreichen Sie die Brotscheiben mit Öl und würzen Sie sie.

2 Geben Sie die Brotscheiben bei 190 °C für 15 - 20 Minuten in die Heißluftfritteuse.

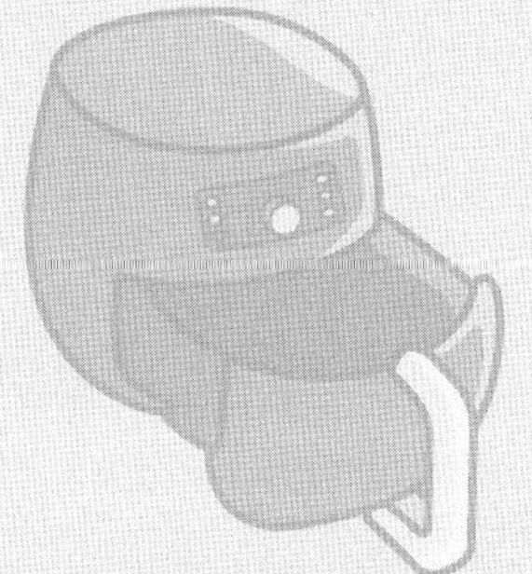

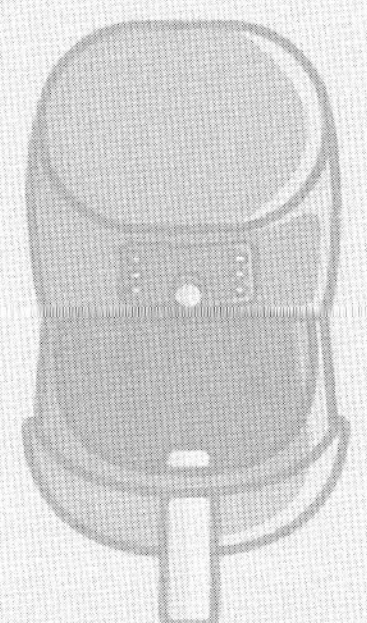

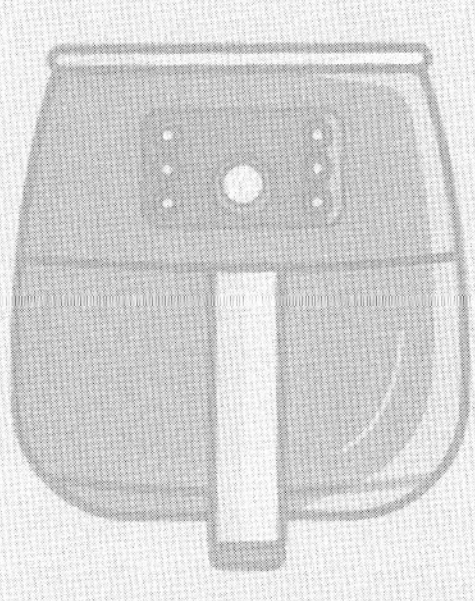

SÜßKARTOFFELBROT

1 Port.

1 Std.
15 Min.

Leicht

Zutaten

400 g Mehl
400 g Süßkartoffeln
1 Pck. Trockenhefe
120 ml Wasser
2 TL Salz

Nährwerte p. P.

308 kcal
66 g Kohlenhydrate
2 g Fett
5 g Eiweiß

1 Schälen Sie die Süßkartoffeln und schneiden Sie sie in Würfel. Geben Sie sie in einen Topf mit ausreichend Wasser (alle Würfel sollten bedeckt sein) und kochen Sie sie ca. 20 Minuten, bis sie weich sind.

2 Pürieren Sie die Kartoffeln und verrühren Sie sie mit den anderen Zutaten. Lassen Sie den Teig ca. 30 Minuten gehen.

3 Geben Sie das Brot in die Heißluftfritteuse und backen Sie das Brot bei 180 °C ca. 35 Minuten lang.

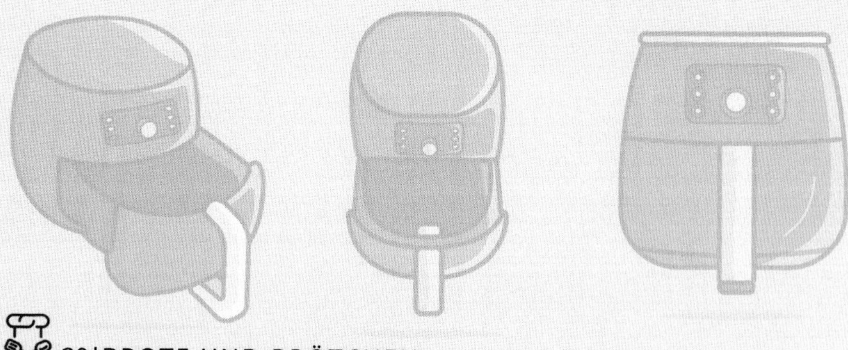

BAGELS

4 Port.

10 Min.

Leicht

Zutaten

250 g griechischer Joghurt
250 g Mehl
1 TL Salz
1 TL Backpulver
1 Eigelb

Nährwerte p. P.

66 kcal
1 g Kohlenhydrate
5 g Fett
4 g Eiweiß

1 Vermischen Sie das Mehl mit dem Salz und dem Backpulver. Heben Sie den griechischen Joghurt unter und verkneten Sie alles zu einem glatten Teig.

2 Teilen Sie den Teig in 4 gleich große Stücke. Formen Sie die Teigstücke zu Kugeln und drücken Sie danach ein Loch in die Mitte.

3 Bepinseln Sie die Bagels mit dem verquirlten Eigelb. Backen Sie die Bagels bei 190 °C für etwa 15 Minuten.

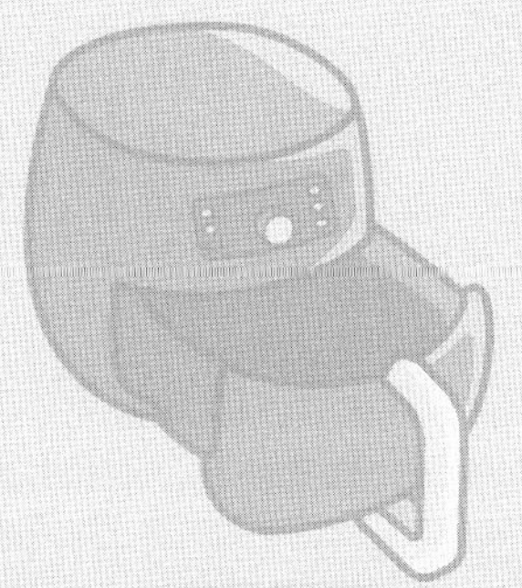

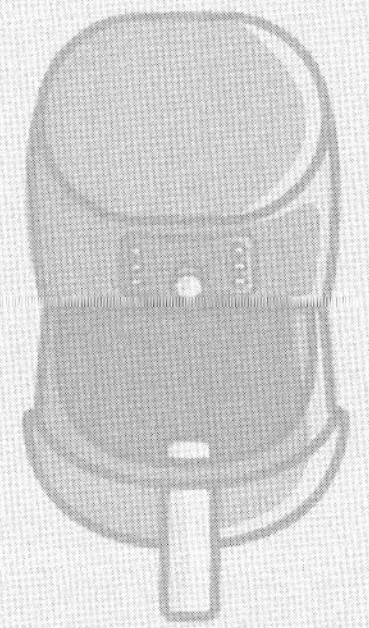

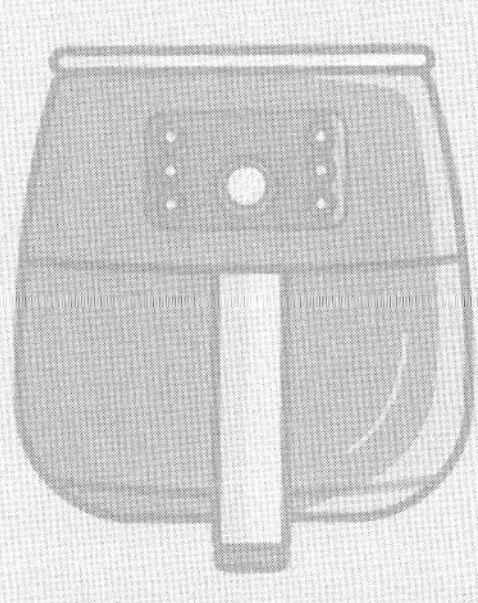

BAGUETTE-BRÖTCHEN

4 Port.

40 Min.

Leicht

Zutaten

250 g Weizenmehl
165 ml Wasser
1 TL Brotbackmittel
3 g Trockenhefe

Nährwerte p. P.

433 kcal
90 g Kohlenhydrate
1 g Fett
13 g Eiweiß

1 Verkneten Sie alle Zutaten zu einem glatten Teig. Decken Sie den Teig ab und lassen Sie ihn 30 Minuten lang gehen.

2 Formen Sie den Teig zu 4 Brötchen. Backen Sie die Brötchen bei 190 °C für etwa 15 Minuten.

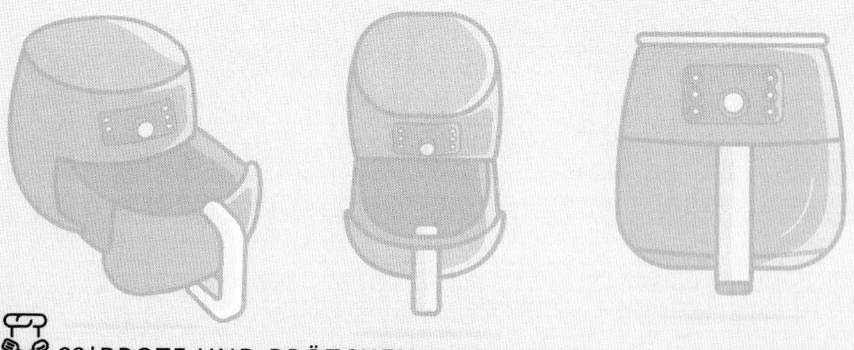

BÄRLAUCHBROT

1 Port.

15 Min.

Leicht

Zutaten

150 g Weizenmehl
3 EL Olivenöl
12 Blätter Bärlauch
90 ml Wasser
10 g Hefe
1 TL Salz

Nährwerte p. P.

189 kcal
22 g Kohlenhydrate
9 g Fett
4 g Eiweiß

1 Schneiden Sie den Bärlauch so klein wie möglich und verrühren Sie ihn mit den restlichen Zutaten zu einem Teig.

2 Backen Sie das Bärlauchbrot bei 200 °C für etwa 10 Minuten.

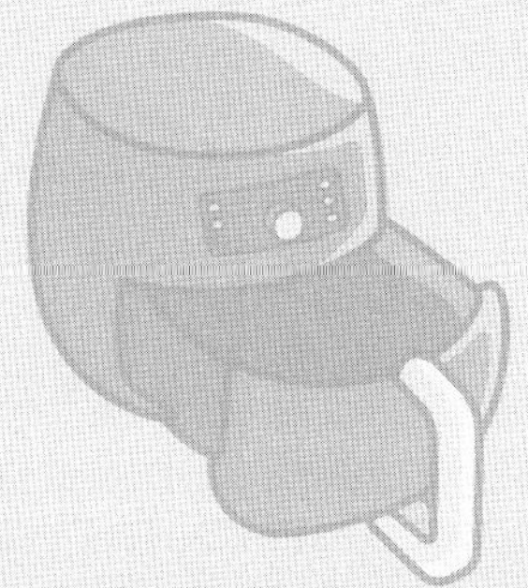

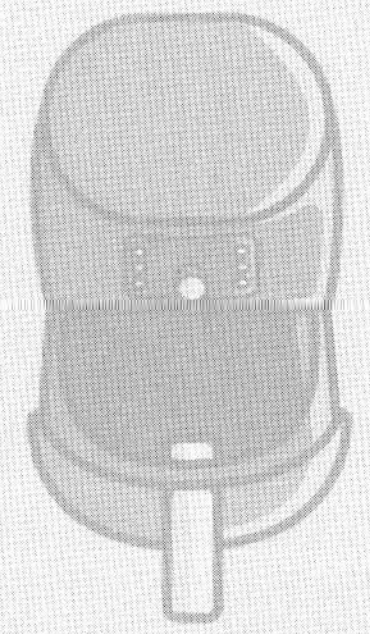

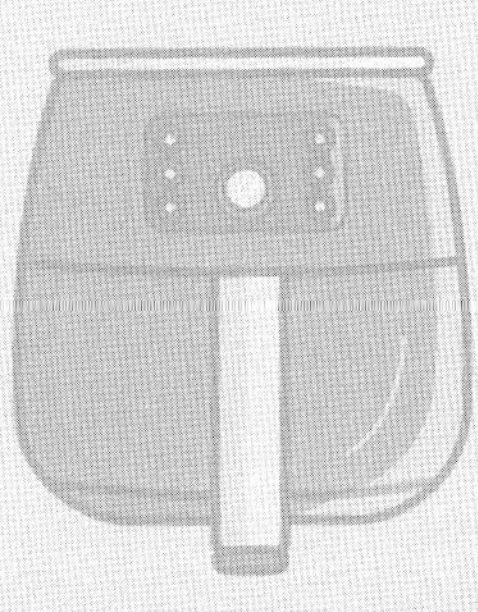

HAFERBRÖTCHEN

 4 Port.

 20 Min.

 Leicht

Zutaten

100 g Haferflocken
130 g Skyr
3 EL Wasser
1 EL geschrotete Leinsamen
1 TL Backpulver

Nährwerte p. P.

166 kcal
22 g Kohlenhydrate
4 g Fett
10 g Eiweiß

1 Verrühren Sie alle Zutaten miteinander und bringen Sie den Teig in Brötchenform.

2 Backen Sie die Brötchen bei 180 °C etwa 15 Minuten lang.

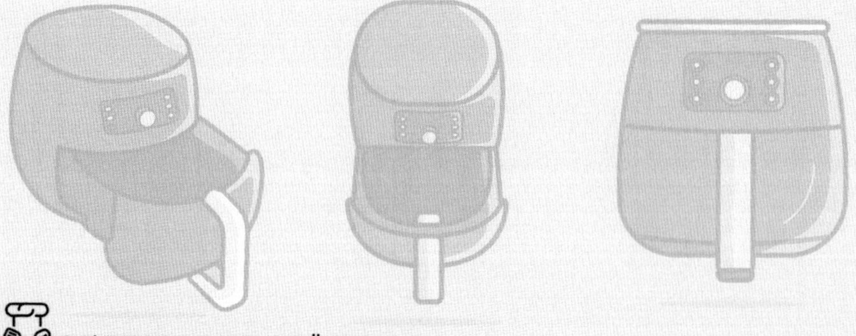

Hauptgerichte mit Fleisch

FLEISCHSPIEßE MIT ERDNUSSSOßE

4 Port.

35 Min.

Leicht

Zutaten

300 g Putenbrustfilet
300 g Schweinefilet
50 ml Sojasoße
25 ml Zitronensaft
1 EL Currypulver
50 g Erdnussbutter
1 Knoblauchzehe
1 Zwiebel
50 ml Kokosmilch

Nährwerte p. P.

578 kcal
52 g Kohlenhydrate
26 g Fett
41 g Eiweiß

1 Schneiden Sie beide Fleischsorten in Würfel und stecken Sie diese auf die Spieße.

2 Verrühren Sie die Sojasoße mit dem Zitronensaft und dem Currypulver und reiben Sie das Fleisch mit dieser Marinade ein.

3 Garen Sie das Fleisch bei 180 °C etwa 10 Minuten lang. Schälen und zerhacken Sie die Zwiebel und den Knoblauch.

4 Verrühren Sie die verbliebenen Zutaten zu einer Soße. Sollte die Soße zu zähflüssig sein, geben Sie noch etwas Kokosmilch dazu.

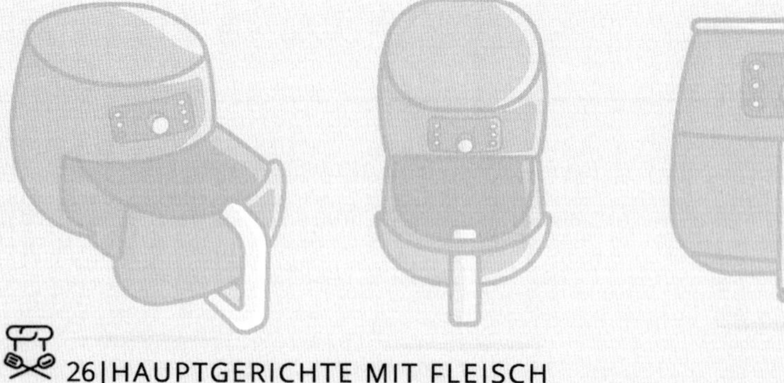

CORDON BLEU

4 Port. 20 Min. Mittel

Zutaten

800 g Schweinefleisch
4 Scheiben Kochschinken
2 Eier
4 Scheiben Gouda
150 g Semmelbrösel
70 g Mehl

Nährwerte p. P.

709 kcal
54 g Kohlenhydrate
25 g Fett
66 g Eiweiß

1 Teilen Sie das Fleisch in 4 gleich große Stücke und klopfen Sie es platt. Belegen Sie jeweils eine Hälfte mit Käse und Schinken und klappen Sie das Cordon bleu dann in der Hälfte übereinander.

2 Verquirlen Sie die Eier. Wenden Sie die Cordon bleus erst in dem Mehl, dann im Ei und zum Schluss in den Semmelbröseln.

3 Backen Sie die Cordon bleus bei 200 °C etwa 10 Minuten lang.

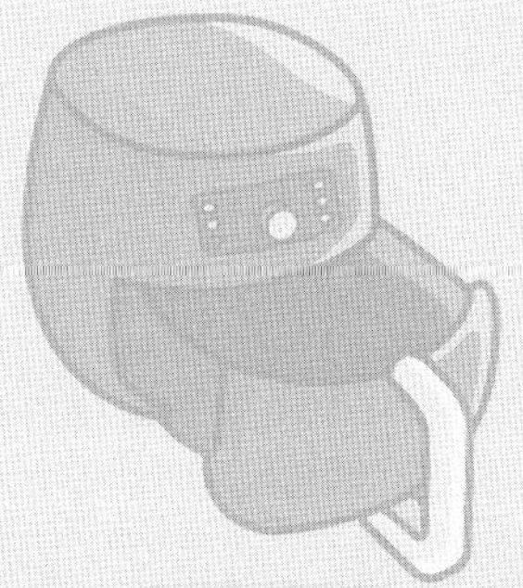
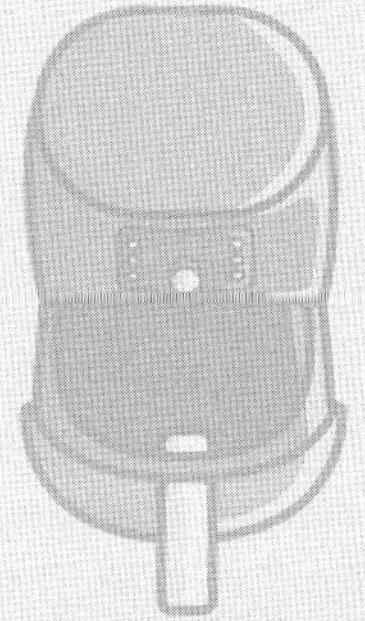
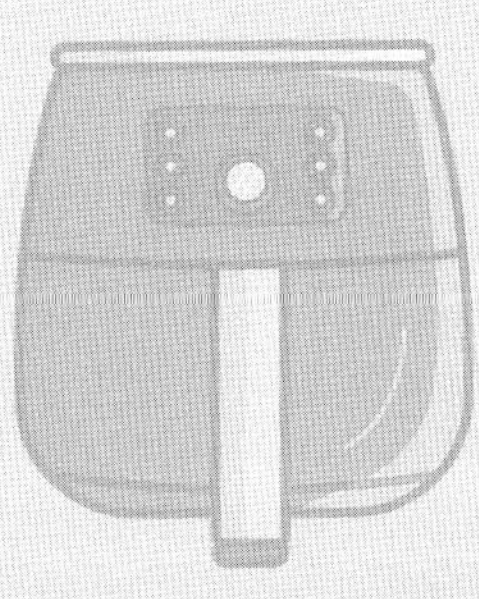

PIKANTE POULETSCHENKEL

4 Port.

35 Min.

Leicht

Zutaten

4 Hähnchenschenkel
1 Knoblauchzehe
2 TL Chilipulver
1 EL Olivenöl

Nährwerte p. P.

689 kcal
3 g Kohlenhydrate
41 g Fett
76 g Eiweiß

1 Schälen und zerhacken Sie den Knoblauch. Verrühren Sie die Gewürze und den Knoblauch mit dem Öl und bestreichen Sie das Fleisch damit.

2 Lassen Sie die Marinade etwa 20 Minuten lang einziehen.

3 Braten Sie die Hähnchenschenkel bei 150 °C etwa 15 Minuten lang.

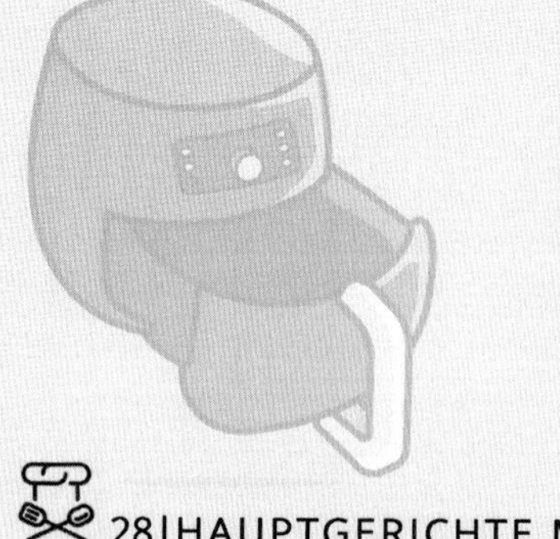

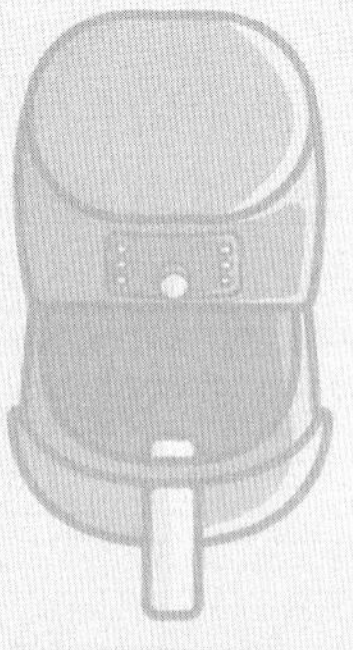

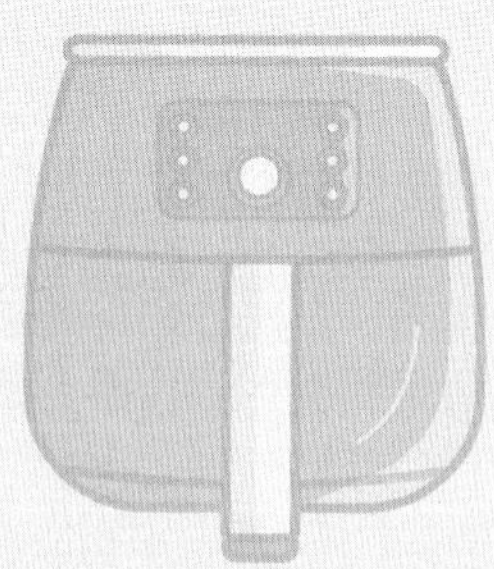

POLLO FIN

2 Port.

45 Min.

Leicht

Zutaten

4 Hähnchenschenkel
3 EL Milch
1 EL Sojasoße
1 EL Knoblauchpulver
Je 1 Pr Salz und Pfeffer
1 TL Zucker

Nährwerte p. P.

521 kcal
6 g Kohlenhydrate
34 g Fett
48 g Eiweiß

1 Waschen Sie das Fleisch und vermischen Sie es mit den restlichen Zutaten.

2 Garen Sie das Fleisch bei 180 °C etwa 40 Minuten lang.

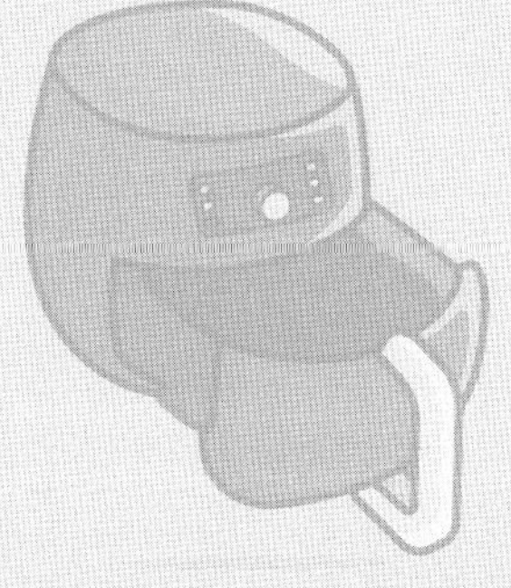

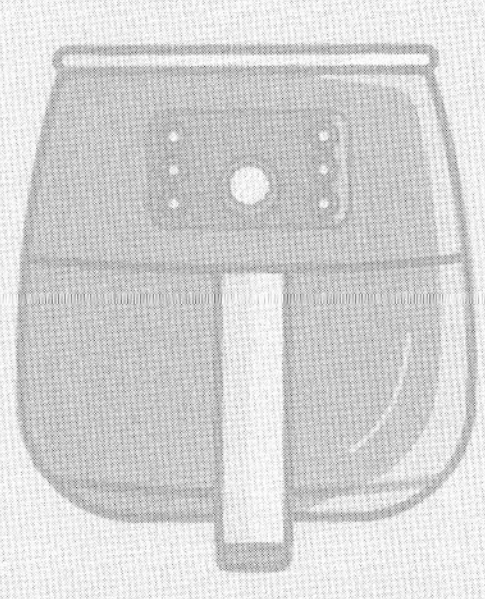

CHICKEN-NUGGETS

4 Port.

25 Min.

Mittel

Zutaten

500 g Hühnerfilet
200 g Semmelbrösel
150 g Mehl
50 ml Sahne
3 Eier
1 TL Sonnenblumenöl
Salz

Nährwerte p. P.

545 kcal
66 g Kohlenhydrate
14 g Fett
35 g Eiweiß

1 Zerschneiden Sie das Hühnerfilet zu kleinen Nuggets. Verquirlen Sie die Eier mit der Sahne und etwas Salz.

2 Wenden Sie das Fleisch zuerst in dem Mehl, dann in der Eiermischung und zum Schluss in den Bröseln.

3 Geben Sie das Öl auf die Nuggets und backen Sie diese bei 180 °C etwa 10 Minuten.

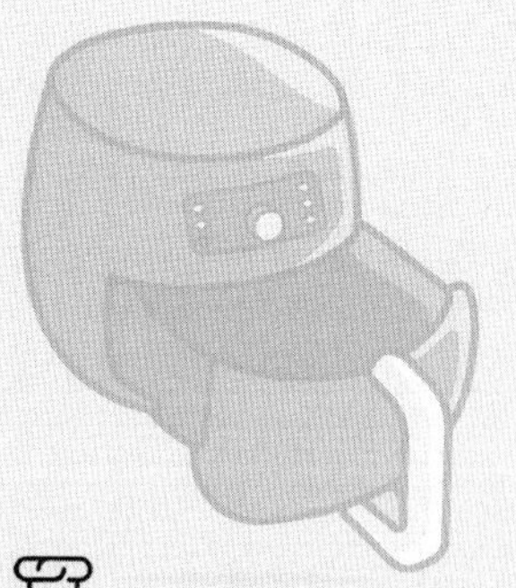

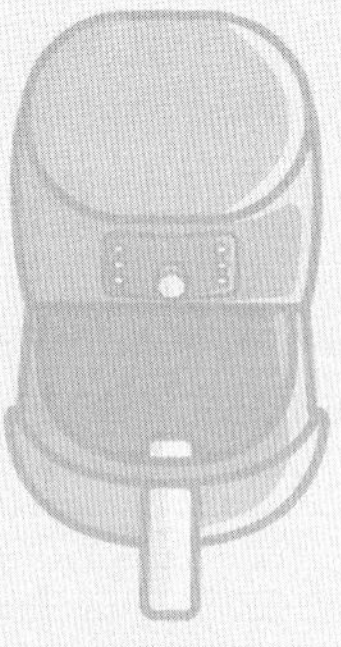

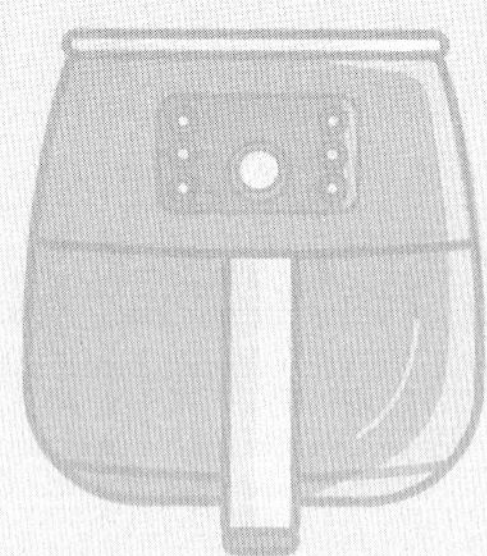

SCHWEINEKRUSTENBRATEN

2 Port.

1 Std.

Leicht

Zutaten

500 g Schweinebraten
1 Knoblauchzehe
1 Karotte
1 Zwiebel
8 EL Wasser
Salz, Pfeffer
Paprikapulver

Nährwerte p. P.

449 kcal
8 g Kohlenhydrate
23 g Fett
51 g Eiweiß

1 Schälen Sie die Zwiebel, die Karotte sowie den Knoblauch und schneiden Sie alles klein.

2 Würzen Sie den Schweinebraten kräftig mit Pfeffer, Salz und Paprikapulver.

3 Geben Sie alle Zutaten zusammen in die Heißluftfritteuse und garen Sie den Braten bei 175 °C ca. 60 Minuten.

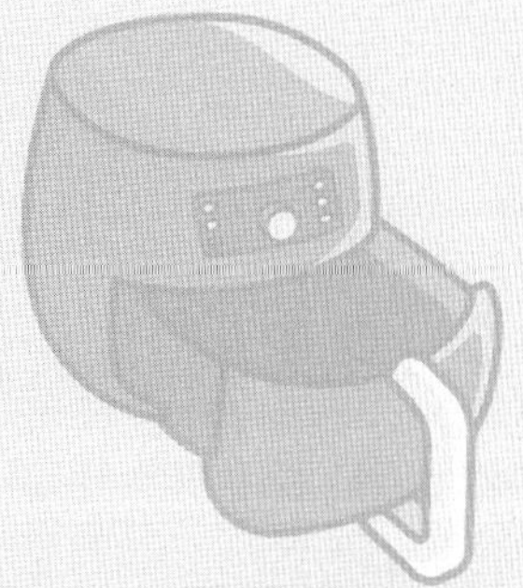

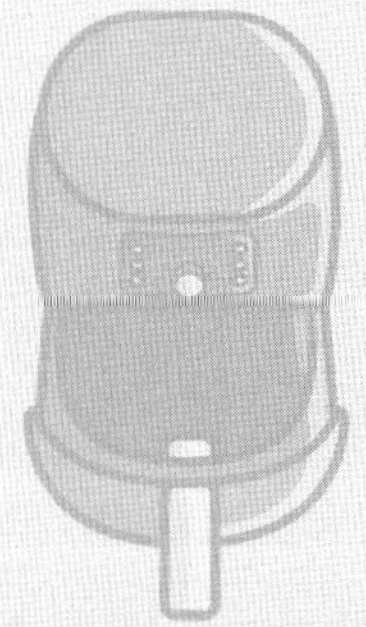

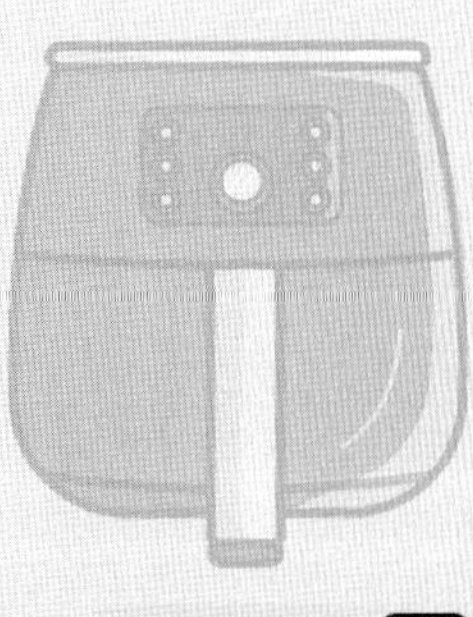

CHICKEN-WINGS

4 Port. 30 Min. Leicht

Zutaten

1 kg Hähnchenflügel
2 EL Zitronensaft
2 EL Olivenöl
1 TL Senfpulver
1 TL Paprikapulver
1 Pr Salz
1 TL Knoblauchpulver

Nährwerte p. P.

236 kcal
3 g Kohlenhydrate
11 g Fett
32 g Eiweiß

1 Verrühren Sie den Zitronensaft mit den Gewürzen.

2 Wälzen Sie die Flügel in der Gewürzmischung und beträufeln Sie sie mit Öl.

3 Backen Sie die Chicken-Wings etwa 25 Minuten lang bei 200 °C.

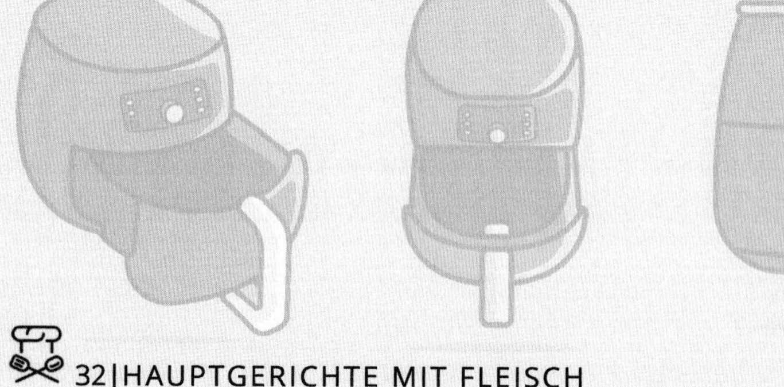

CEVAPCICI

4 Port.

2,5 Std.

Leicht

Zutaten

500 g Hackfleisch
1 Knoblauchzehe
1 Zwiebel
1 EL Mehl
1 TL Paprikapulver
Je 1 TL Salz und Pfeffer

Nährwerte p. P.

335 kcal
5 g Kohlenhydrate
24 g Fett
25 g Eiweiß

1 Schälen und zerhacken Sie den Knoblauch und die Zwiebel. Verkneten Sie alle Zutaten miteinander.

2 Formen Sie Röllchen aus der Masse und stellen Sie diese für 2 Stunden in den Kühlschrank.

3 Backen Sie die Cevapcici für etwa 20 Minuten bei 180 °C.

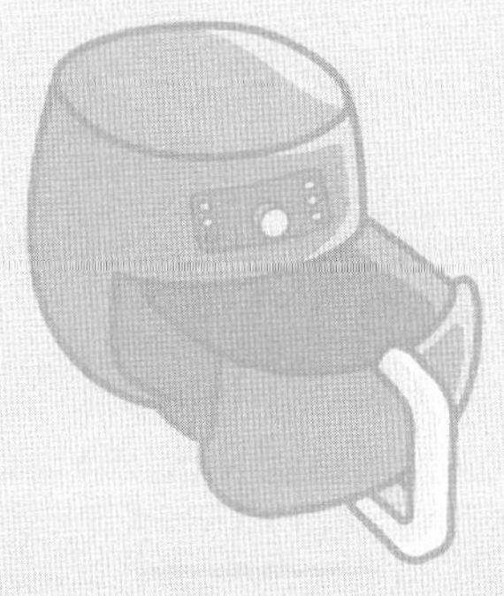

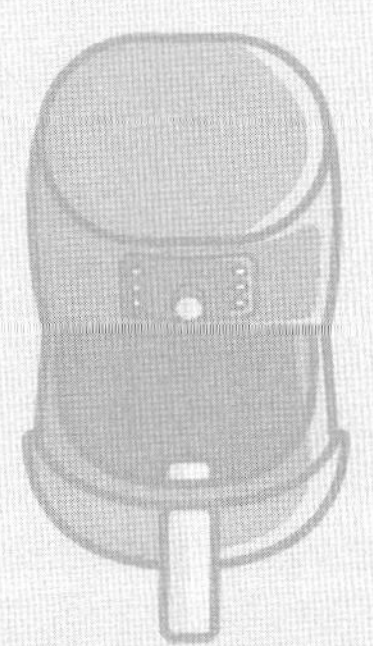

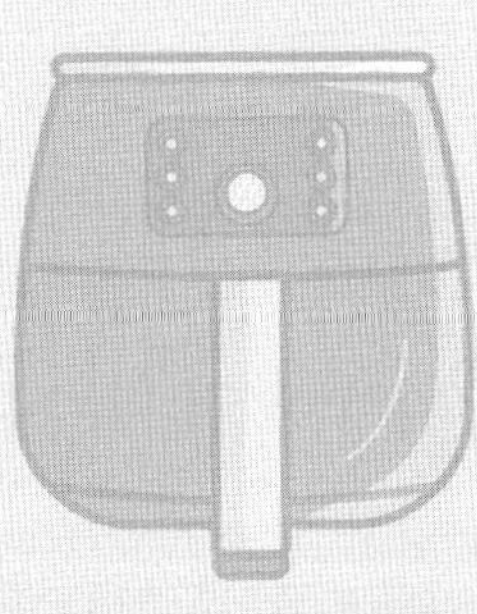

ZWIEBELSCHNITZEL

4 Port. | 25 Min. | Leicht

Zutaten

4 Schnitzel
8 Zwiebeln
6 EL Olivenöl
2 TL Salz
1 TL Paprikapulver
2 TL Knoblauchpulver
8 TL Mehl

Nährwerte p. P.

298 kcal
27 g Kohlenhydrate
6 g Fett
31 g Eiweiß

1 Schälen Sie die Zwiebeln und schneiden Sie sie in Ringe.

2 Vermengen Sie das Mehl mit den Gewürzen und verteilen Sie diese Mischung großzügig über die Zwiebeln.

3 Geben Sie die Zwiebeln gemeinsam mit den Schnitzeln bei 180 °C für etwa 15 Minuten in die Heißluftfritteuse.

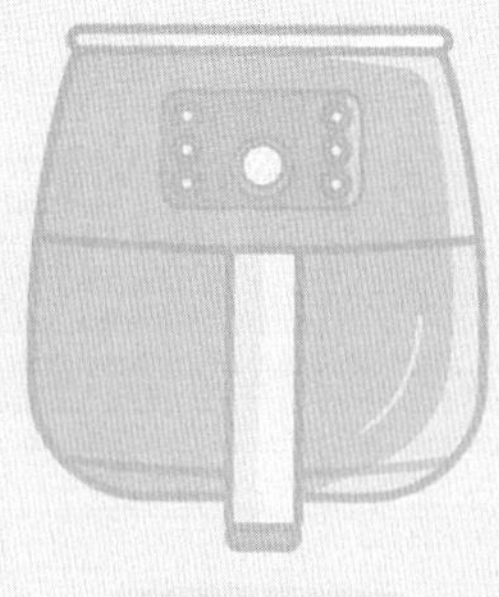

ENTENBRUST

2 Port. 35 Min. Leicht

Zutaten

400 g Entenbrust
150 ml Wasser
1 Zweig Rosmarin
Je 1 TL Salz und Pfeffer

Nährwerte p. P.

595 kcal
11 g Kohlenhydrate
25 g Fett
82 g Eiweiß

1 Schneiden Sie die Entenbrust kreuzweise ein und würzen Sie sie mit Pfeffer und Salz.

2 Legen Sie die Ente mit der Haut nach unten in die Heißluftfritteuse und backen Sie sie bei 220 °C etwa 6 Minuten lang.

3 Gießen Sie das Fett ab, geben Sie das Wasser und den Rosmarinzweig in die Fritteuse und legen Sie die Ente mit der Haut nach oben auf einen Rost, sodass sie das Wasser nicht berührt.

4 Backen Sie die Ente bei 180 °C für weitere 10 Minuten.

5 Wenden Sie die Entenbrust noch einmal und backen Sie sie für weitere 8 Minuten.

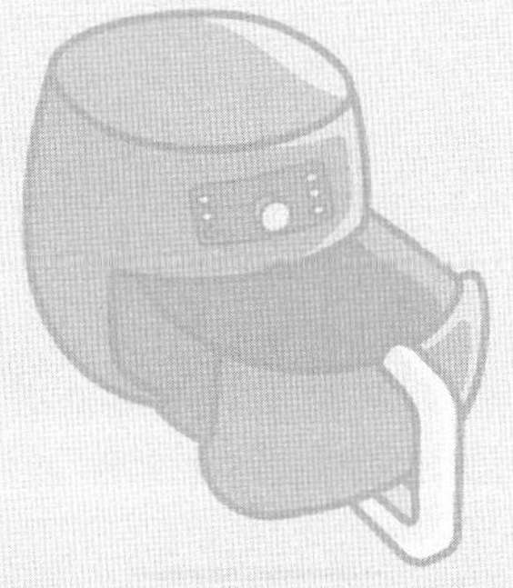
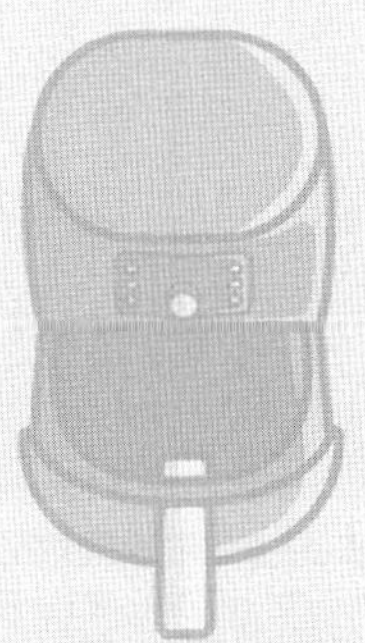
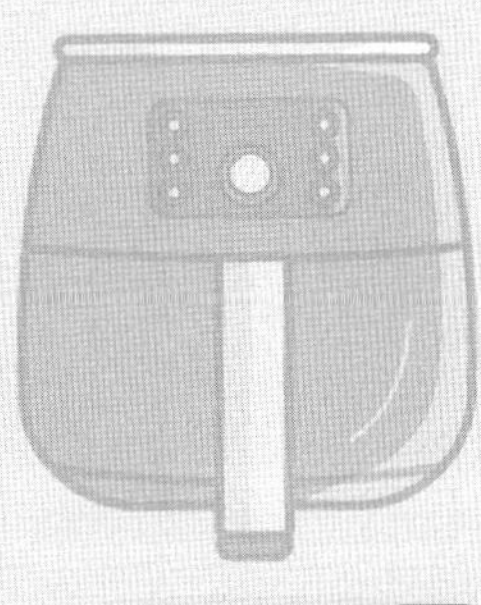

LAMMKOTELETTS

4 Port.

15 Min.

Leicht

Zutaten

8 Lammkoteletts
3 EL Olivenöl
Salz, Pfeffer

Nährwerte p. P.

595 kcal
11 g Kohlenhydrate
25 g Fett
82 g Eiweiß

1 Würzen Sie die Lammkoteletts mit etwas Öl sowie Pfeffer und Salz. Auf Wunsch können Sie selbstverständlich auch andere Gewürze verwenden.

2 Garen Sie das Fleisch bei 200 °C für 5 – 10 Minuten.

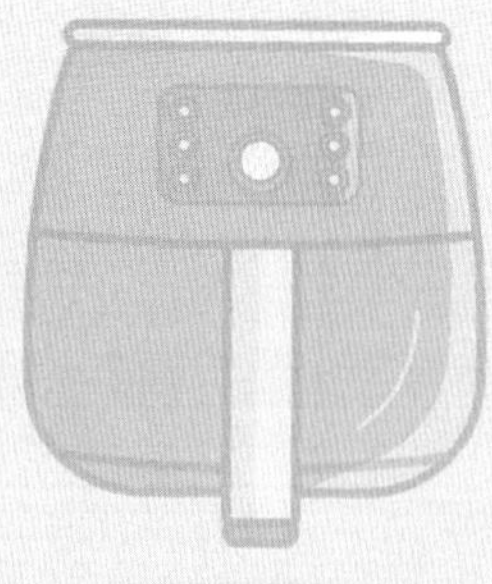

SCHASCHLIKSPIEßE

6 Port. | 1 Std. 15 Min. | Leicht

Zutaten

1 kg Schweinebraten
3 EL BBQ-Soße
1 EL Öl
1 Zwiebel
2 Paprika

Nährwerte p. P.

971 kcal
20 g Kohlenhydrate
52 g Fett
102 g Eiweiß

1 Schneiden Sie den Braten sowie die geschälte Zwiebel und die Paprika in mundgerechte Würfel.

2 Geben Sie das Öl und die BBQ-Soße über das Fleisch. Stecken Sie das Fleisch und das Gemüse im Wechsel auf Spieße.

3 Geben Sie die Spieße bei 160 °C für ca. 50 Minuten in die Heißluftfritteuse.

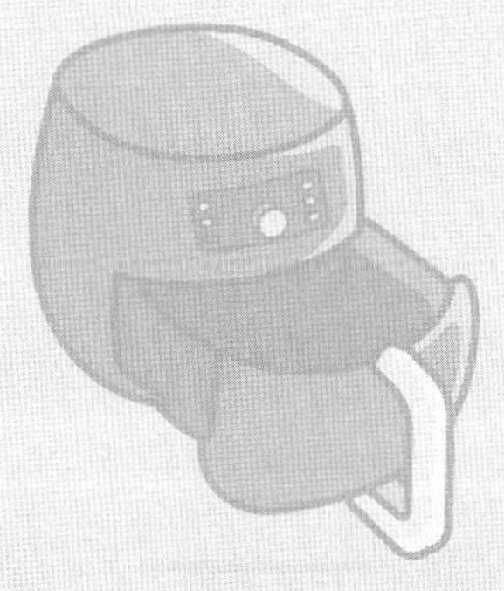

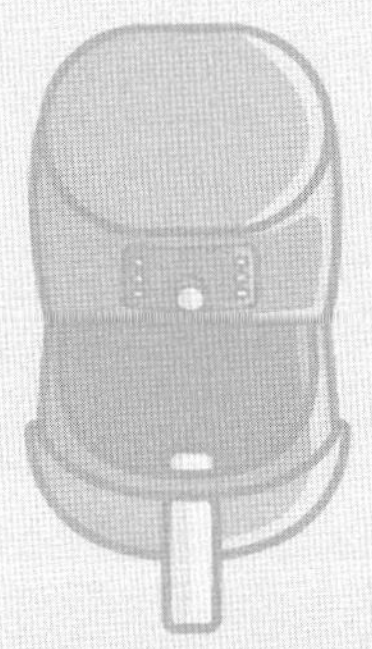

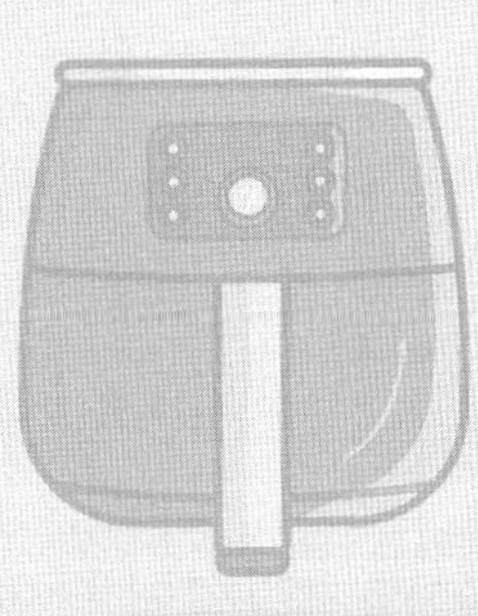

GANZES HÄHNCHEN

 4 Port.

 45 Min.

 Mittel

Zutaten

1 Hähnchen
1 EL Honig
4 EL Olivenöl
1 TL Thymian
2 TL Paprikapulver
Salz, Pfeffer

Nährwerte p. P.

538 kcal
5 g Kohlenhydrate
34 g Fett
52 g Eiweiß

1 Spülen Sie das Hähnchen gut mit Wasser ab und tupfen Sie es danach trocken.

2 Verrühren Sie das Olivenöl mit dem Honig, dem Paprikapulver, dem Thymian sowie etwas Pfeffer und Salz.

3 Verteilen Sie die Marinade, die Sie in Schritt 2 angerührt haben, auf dem Hähnchen.

4 Geben Sie das Hähnchen in die Heißluftfritteuse und backen Sie es bei 180 °C für etwa 35 - 40 Minuten.

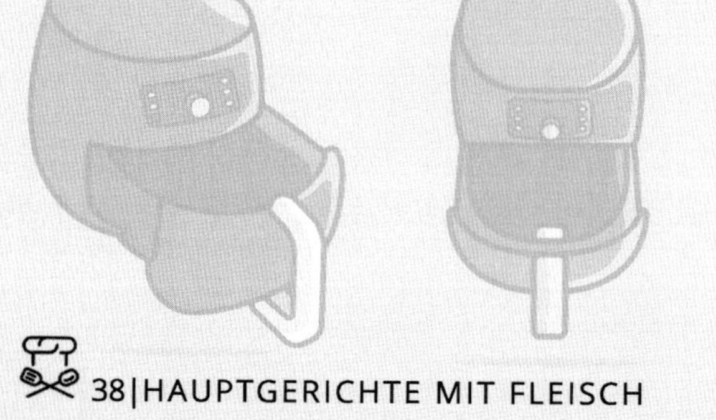

CURRYWURST

2 Port.

15 Min.

Leicht

Zutaten

2 Bratwürste
200 ml Gemüsebrühe
4 EL Tomatenmark
1 Zwiebel
1 Knoblauchzehe
Salz, Pfeffer
Currypulver

Nährwerte p. P.

484 kcal
10 g Kohlenhydrate
40 g Fett
19 g Eiweiß

1 Schneiden Sie die Bratwurst kreuzweise ein und geben Sie sie bei 210 °C für 10 Minuten in die Heißluftfritteuse.

2 Schälen Sie den Knoblauch und die Zwiebel, hacken Sie sie möglichst fein und braten Sie beides zusammen in einer Pfanne mit etwas Öl an.

3 Geben Sie alle verbliebenen Zutaten mit in die Pfanne und würzen Sie die Soße nach Geschmack.

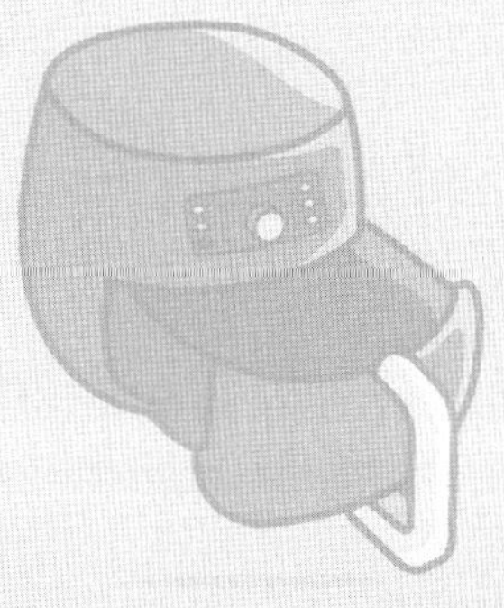

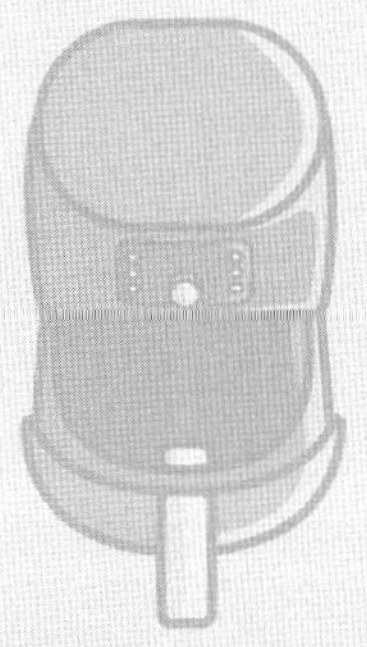

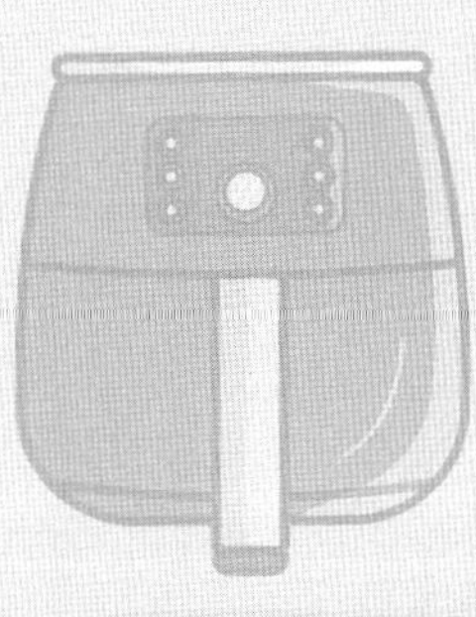

FLAMMKUCHEN-WRAPS

2 Port.

10 Min.

Leicht

Zutaten

2 Tortilla-Wraps
100 g Crème fraîche
50 g Speckwürfel
1 rote Zwiebel

Nährwerte p. P.

436 kcal
38 g Kohlenhydrate
25 g Fett
12 g Eiweiß

1 Breiten Sie die Wraps aus. Bestreichen Sie die Wraps mit Crème fraîche.

2 Schälen Sie die Zwiebeln und würfeln Sie sie. Geben Sie die Speckwürfel sowie die Zwiebel auf die Wraps.

3 Rollen Sie die Wraps auf und schneiden Sie sie, falls die Heißluftfritteuse nicht groß genug für die ganzen Wraps sein sollte, in mehrere Stücke.

4 Geben Sie die Wraps für ca. 7 Minuten bei 180 °C in die Heißluftfritteuse.

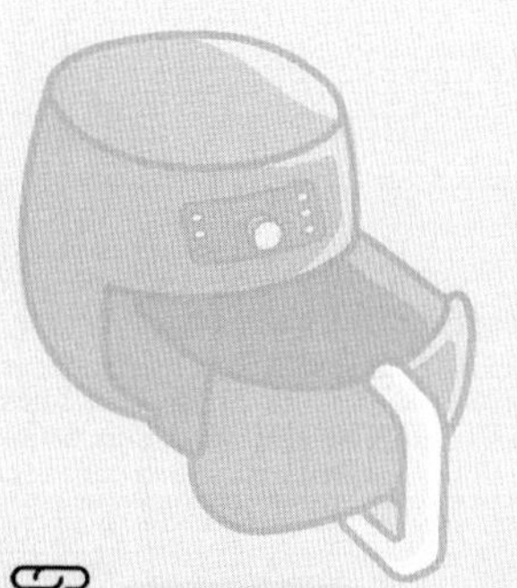

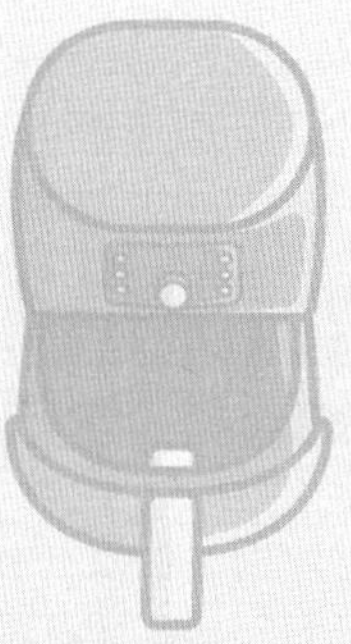

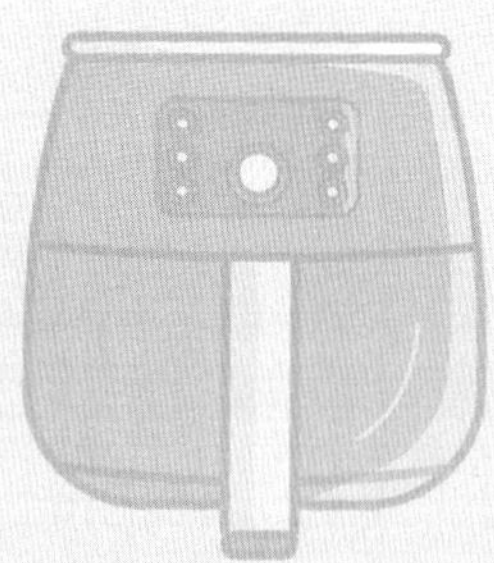

JAMAICAN-CHICKEN

2 Port.

1 Std. 45 Min.

Leicht

Zutaten

6 Hähnchenschenkel
2 Frühlingszwiebeln
2 Knoblauchzehen
2 Chilischoten
2 Zweige Thymian
2 cm Ingwer
20 ml Limettensaft
2 EL Sojasoße
Salz, Pfeffer

Nährwerte p. P.

278 kcal
7 g Kohlenhydrate
12 g Fett
34 g Eiweiß

1 Schneiden Sie den Knoblauch, die Frühlingszwiebeln, die Chilischoten und den Ingwer so klein wie möglich.

2 Vermischen Sie alle Zutaten miteinander und legen Sie das Fleisch darin ein.

3 Lassen Sie die Marinade mindestens 60 Minuten lang einziehen.

4 Geben Sie das Fleisch bei 180 °C für etwa 40 Minuten in die Heißluftfritteuse.

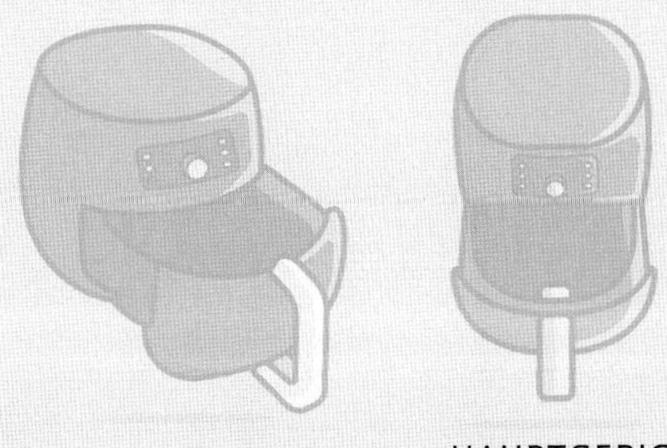

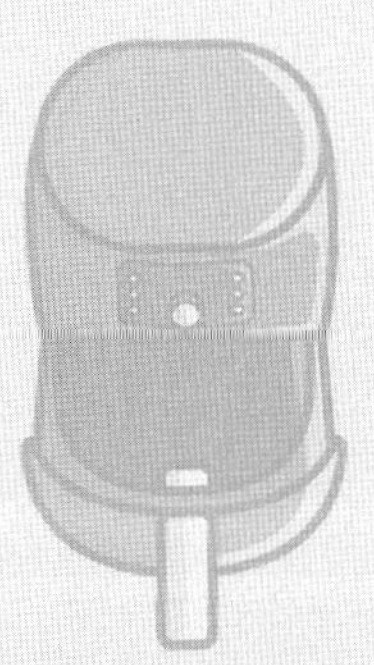

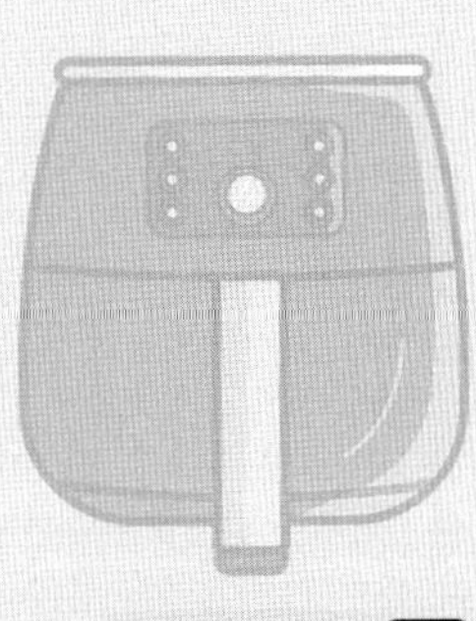

MAULTASCHENAUFLAUF

2 Port. 20 Min. Leicht

Zutaten

1 Pck. Maultaschen
1 Lauchzwiebel
100 ml Sahne
1 Tomate
10 g Butter
10 g Mehl
50 g geriebener Käse

Nährwerte p. P.

557 kcal
38 g Kohlenhydrate
37 g Fett
18 g Eiweiß

1 Waschen und zerkleinern Sie die Lauchzwiebel.

2 Schmelzen Sie die Butter in einer Pfanne und braten Sie die Lauchzwiebel sowie die Schinkenwürfel darin an.

3 Waschen Sie die Tomaten und schneiden Sie sie in Würfel. Schneiden Sie die Maultaschen in Scheiben. Verrühren Sie die Sahne mit dem Mehl.

4 Geben Sie alle Zutaten in eine Auflaufform und streuen Sie den Käse darüber. Überbacken Sie den Auflauf bei 180 °C etwa 20 Minuten lang.

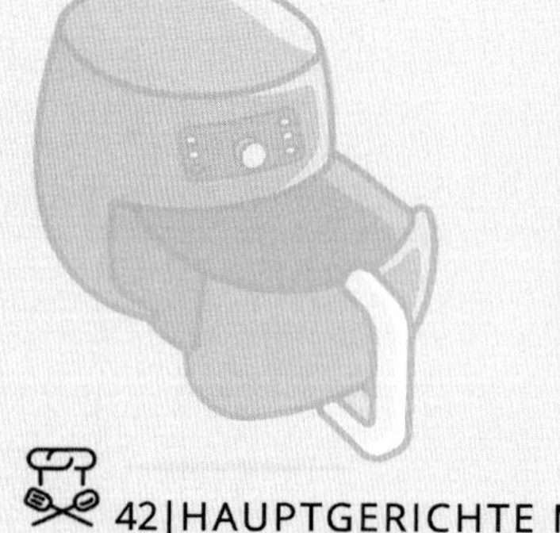

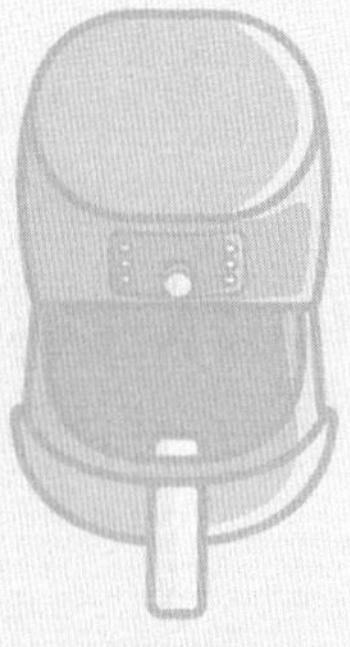

HÄHNCHENPFANNE

2 Port.

20 Min.

Leicht

Zutaten

400 g Hähnchengeschnetzeltes
2 Paprika
1 Zwiebel
1 Zucchini
1 TL Paprikapulver
1 TL Salz

Nährwerte p. P.

540 kcal
15 g Kohlenhydrate
34 g Fett
1 g Eiweiß

1 Waschen und zerkleinern Sie die Paprika und die Zucchini. Schälen Sie die Zwiebel und schneiden Sie sie in Würfel.

2 Vermischen Sie alle Zutaten miteinander und geben Sie die Pfanne bei 190 °C etwa 15 Minuten lang in die Heißluftfritteuse.

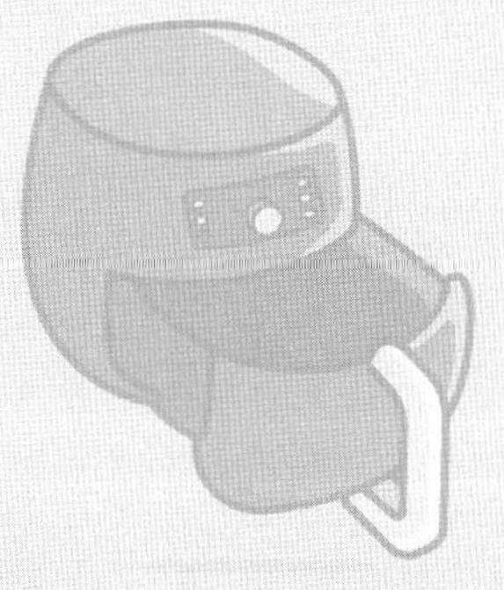

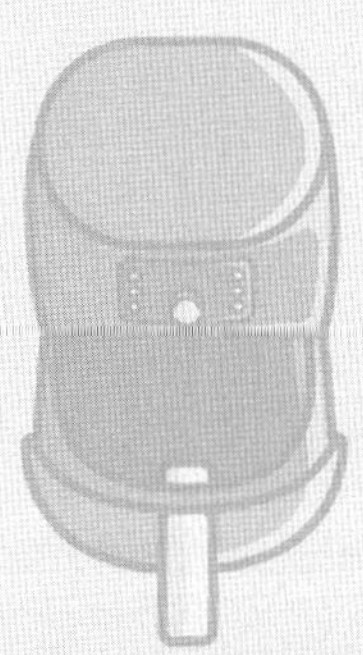

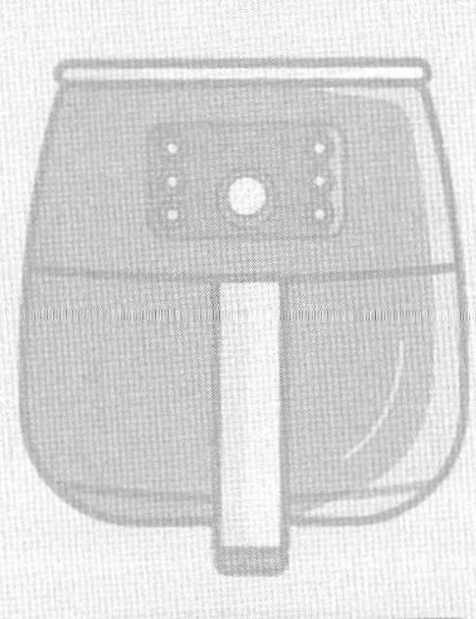

FAJITAS

6 Port.

10 Min.

Leicht

Zutaten

6 Wraps
400 g Hähnchenge-
schnetzeltes
400 g Zucchini
1 Zwiebel
1 Knoblauchzehe
2 Paprika
1 EL Öl
100 g geriebener Käse

Nährwerte p. P.

473 kcal
40 g Kohlenhydrate
23 g Fett
25 g Eiweiß

1 Schälen und zerhacken Sie die Zwiebel und den Knoblauch. Schneiden Sie die Paprika und die Zucchini in Würfel.

2 Vermischen Sie alle Zutaten miteinander. Befüllen Sie die Wraps und rollen Sie sie danach auf.

3 Backen Sie die Fajitas bei 180 °C 4 Minuten lang.

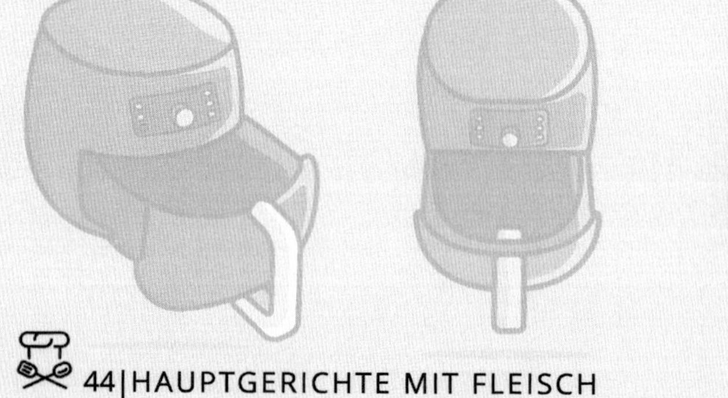

STEAK

2 Port. 20 Min. Leicht

Zutaten

2 Steaks
50 g Champignons
1 TL Senfpulver
1 TL Knoblauchpulver
2 EL Kokosmilch
1 Pr Oregano
Je 1 Pr Salz und Pfeffer

Nährwerte p. P.

414 kcal
2 g Kohlenhydrate
27 g Fett
41 g Eiweiß

1 Vermischen Sie die Gewürze und die Kokosmilch miteinander und wenden Sie das Steak darin. Schneiden Sie die Pilze in Scheiben.

2 Geben Sie die Steaks bei 180 °C für etwa 10 Minuten in die Heißluftfritteuse. Geben Sie ab der Hälfte der Zeit die Pilze dazu.

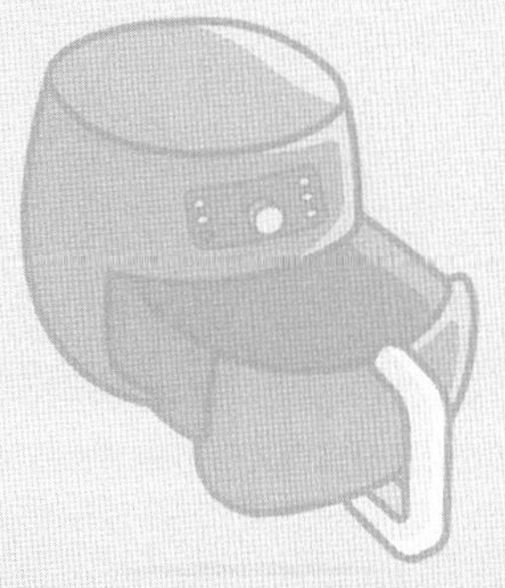
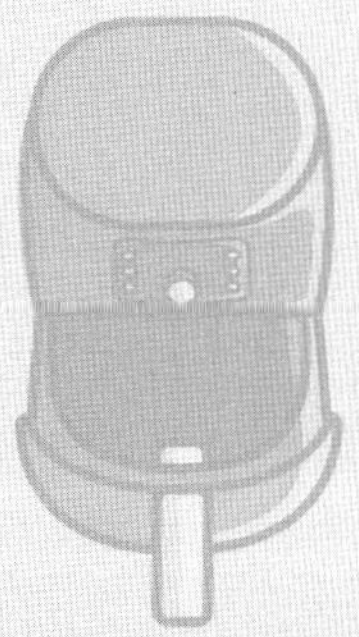
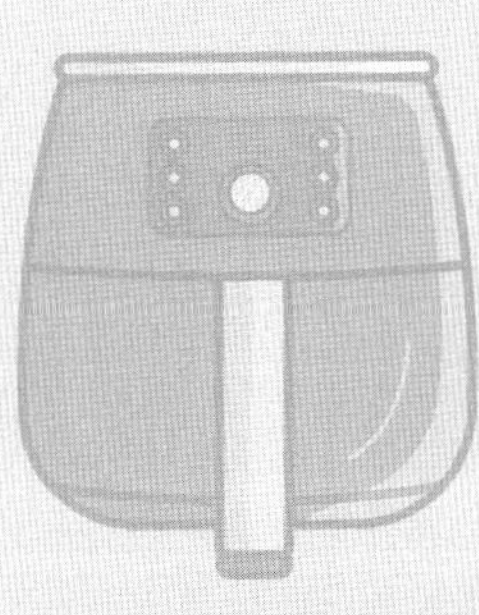

KALBSGYROS

4 Port.

30 Min.

Leicht

Zutaten

500 g Kalbsgeschnetzeltes
50 ml Sahne
1 Zwiebel
1 EL Crème fraîche
1 EL Gyrosgewürz
2 EL Öl

Nährwerte p. P.

292 kcal
4 g Kohlenhydrate
21 g Fett
22 g Eiweiß

1 Verrühren Sie das Öl mit dem Gewürz und verrühren Sie die Mischung mit dem Fleisch.

2 Schälen Sie die Zwiebel und schneiden Sie sie in Ringe. Heben Sie sie unter das Fleisch und lassen Sie das Ganze für etwa 30 Minuten ziehen.

3 Garen Sie das Gyros bei 180 °C für etwa 15 Minuten.

4 Heben Sie die Sahne und die Crème fraîche unter und garen Sie alles zusammen für weitere 3 Minuten.

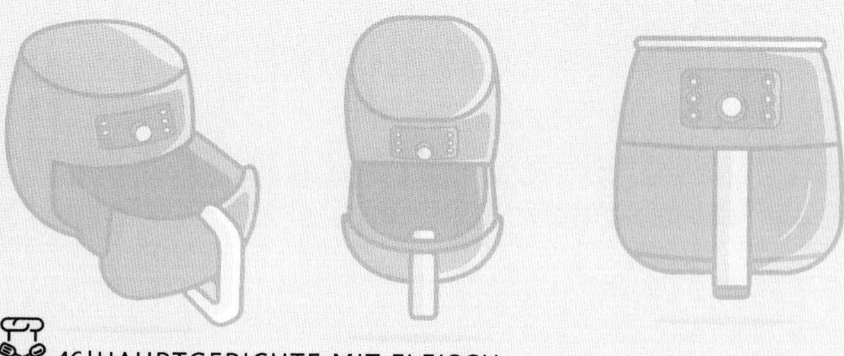

BOLOGNESE-QUICHE

2 Port.

40 Min.

Leicht

Zutaten

300 g Rinderhackfleisch
100 g Karotten
70 g Tomatenmark
50 g geriebener Käse
1 Pck. Blätterteig
1 Zwiebel
4 Eier
1 Knoblauchzehe
2 EL Ricotta
1 EL italienische Kräuter
Salz, Pfeffer

Nährwerte p. P.

799 kcal
31 g Kohlenhydrate
52 g Fett
49 g Eiweiß

1 Schälen und zerhacken Sie die Zwiebel und den Knoblauch. Waschen Sie die Karotten und schneiden Sie sie in dünne Scheiben.

2 Geben Sie das Hackfleisch gemeinsam mit der Zwiebel, den Karotten und dem Knoblauch in die Heißluftfritteuse und garen Sie es da bei 180 °C für etwa 10 Minuten, bis es durch ist.

3 Geben Sie dann das Tomatenmark und die Gewürze dazu und rühren Sie gut durch.

4 Legen Sie eine Auflaufform mit dem Teig aus. Verrühren Sie die Eier mit dem Ricotta.

5 Füllen Sie die Bolognesesoße in die Auflaufform und streuen Sie den Käse darüber.

6 Backen Sie die Quiche bei 160 °C für etwa 20 - 25 Minuten.

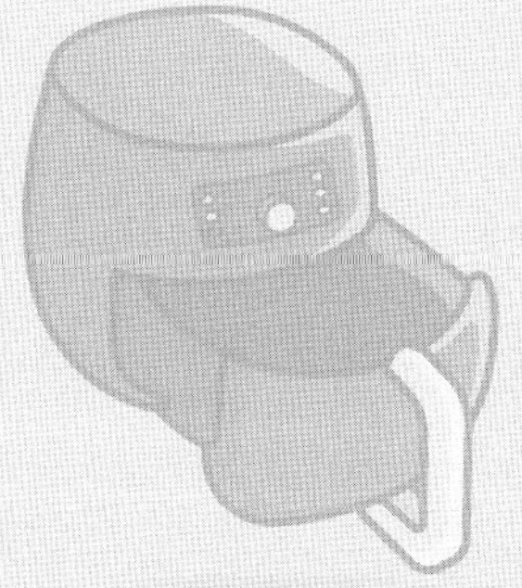

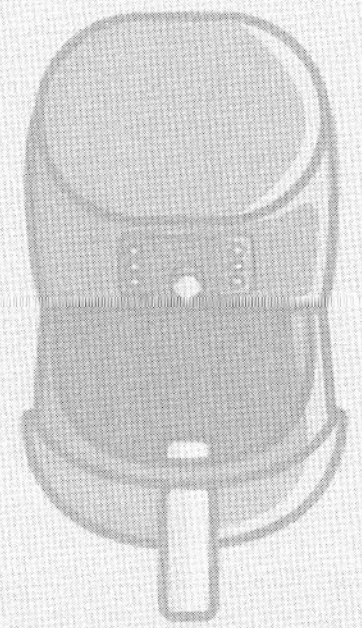

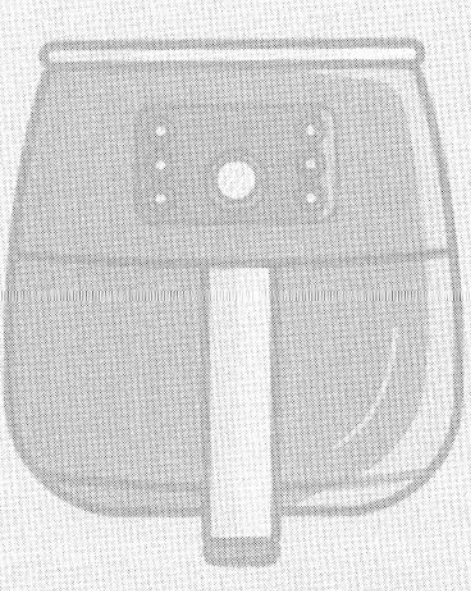

Hauptgerichte mit Fisch

FISH AND CHIPS

4 Port. 40 Min. Mittel

Zutaten

600 g Fischfilet
850 g Kartoffeln
200 g Paniermehl
150 g Mehl
3 Eier
5 EL Öl
Salz, Pfeffer

Nährwerte p. P.

982 kcal
115 g Kohlenhydrate
34 g Fett
49 g Eiweiß

1 Schälen Sie die Kartoffeln und schneiden Sie sie in Stäbchen. Legen Sie sie dann für 15 Minuten in Wasser und bestreichen Sie sie danach mit 3 EL Öl.

2 Garen Sie die Kartoffeln bei 180 °C etwa 20 Minuten lang.

3 In der Zwischenzeit schneiden Sie den Fisch in Stückchen und wenden ihn zuerst in dem Mehl, dann in den verquirlten Eiern und zum Schluss in dem Paniermehl.

4 Geben Sie das restliche Öl auf den Fisch, würzen Sie ihn mit Pfeffer und Salz und geben Sie ihn dann bei 200 °C für etwa 10 Minuten in die Heißluftfritteuse. Halten Sie die Pommes in der Zwischenzeit warm.

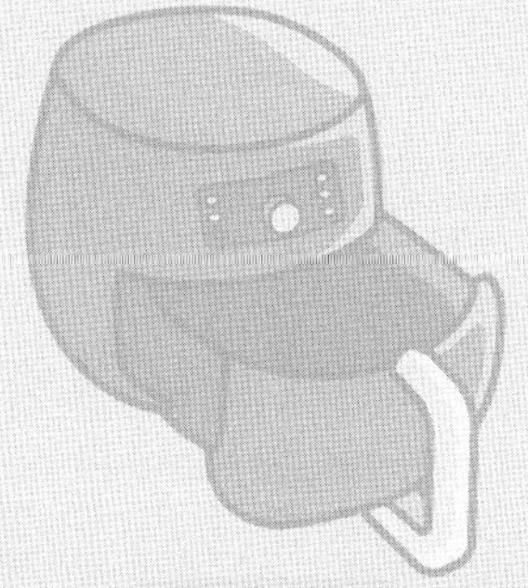
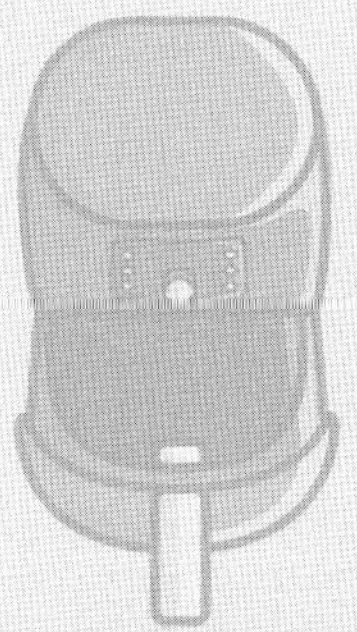
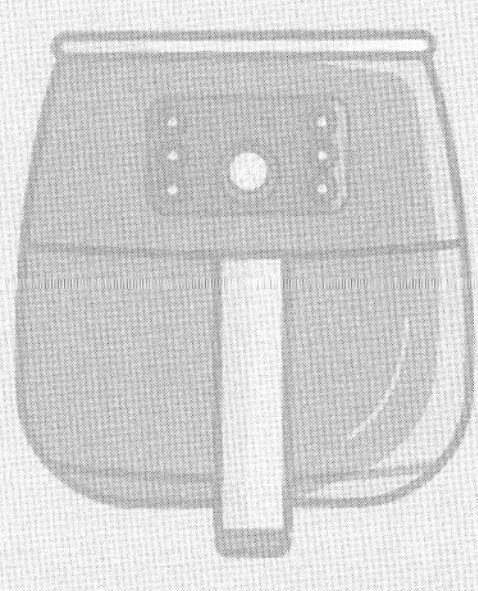

FISCHFILET

2 Port.

20 Min.

Leicht

Zutaten

350 g Fischfilet
2 EL Zitronensaft
1 TL Knoblauchpulver
Salz, Pfeffer

Nährwerte p. P.

164 kcal
0 g Kohlenhydrate
2 g Fett
37 g Eiweiß

1 Spülen Sie den Fisch ab und verwenden Sie danach ein Küchentuch, um ihn trocken zu tupfen.

2 Würzen Sie die Fischfilets mit Knoblauchpulver, Pfeffer und Salz und verteilen Sie den Zitronensaft darauf.

3 Geben Sie den Fisch für etwa 10 Minuten bei 180 °C in die Heißluftfritteuse.

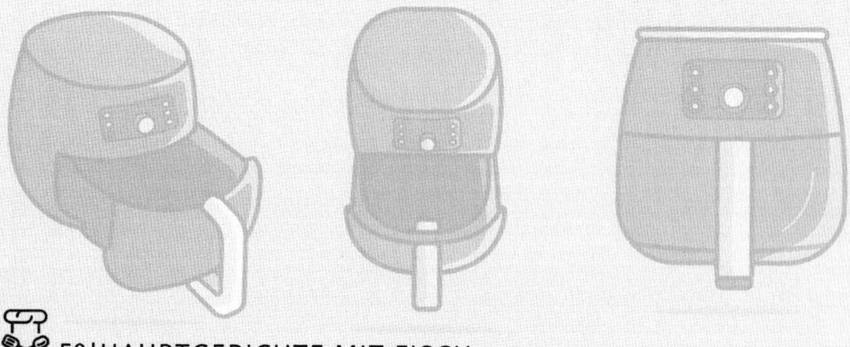

GARNELEN-SPIEẞE

4 Port. 40 Min. Leicht

Zutaten

400 g Garnelen
3 Knoblauchzehen
2 TL gehackte Petersilie
4 EL Olivenöl
Salz, Pfeffer
Zitronensaft

Nährwerte p. P.

244 kcal
3 g Kohlenhydrate
17 g Fett
21 g Eiweiß

1 Schälen und zerhacken Sie den Knoblauch und verrühren Sie ihn mit der Petersilie und dem Olivenöl. Würzen Sie die Marinade mit Pfeffer, Zitronensaft und Salz.

2 Wälzen Sie die Garnelen darin und lassen Sie die Marinade ca. 30 Minuten lang einwirken.

3 Spießen Sie die Garnelen auf und geben Sie sie bei 200 °C für ca. 10 Minuten in die Heißluftfritteuse.

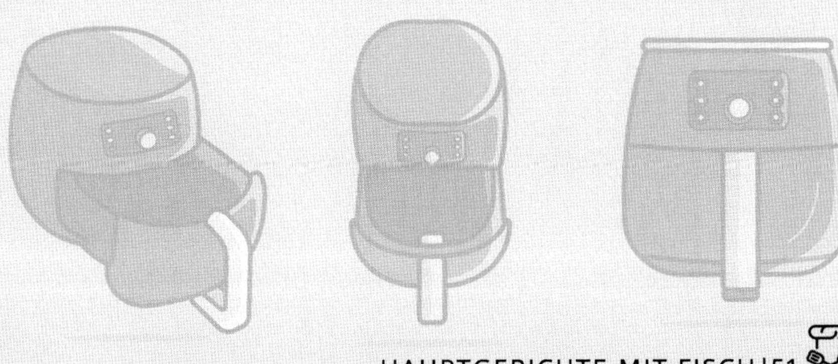

WELS

2 Port.

2150 Min.

Leicht

Zutaten

2 Welsfilets
1 TL Knoblauchpulver
Je 1 TL Salz und Pfeffer
1 TL Zitronenabrieb

Nährwerte p. P.

246 kcal
1 g Kohlenhydrate
15 g Fett
27 g Eiweiß

1 Würzen Sie den Wels. Garen Sie ihn bei 180 °C etwa 12 Minuten lang.

2 Am Ende sollte er im Inneren eine Temperatur von etwa 63 °C haben.

GEFÜLLTE KARTOFFELN MIT THUNFISCH

4 Port.

1 Std.

Leicht

Zutaten

4 Kartoffeln
100 g Thunfisch
1 Frühlingszwiebel
1 EL Kapern
2 EL Joghurt
1 TL Chilipulver
1 TL Olivenöl

Nährwerte p. P.

223 kcal
30 g Kohlenhydrate
4 g Fett
14 g Eiweiß

1 Legen Sie die Kartoffeln in kaltes Salzwasser, kochen Sie dieses auf und garen Sie die Kartoffeln dann für ca. 20 Minuten.

2 Halbieren Sie die Kartoffeln und höhlen Sie sie vorsichtig aus.

3 Pürieren Sie den Teil der Kartoffeln, den Sie gerade herausgeholt haben, mit den restlichen Zutaten.

4 Geben Sie die Füllung in die Kartoffeln und backen Sie sie bei 180 °C für etwa 30 Minuten.

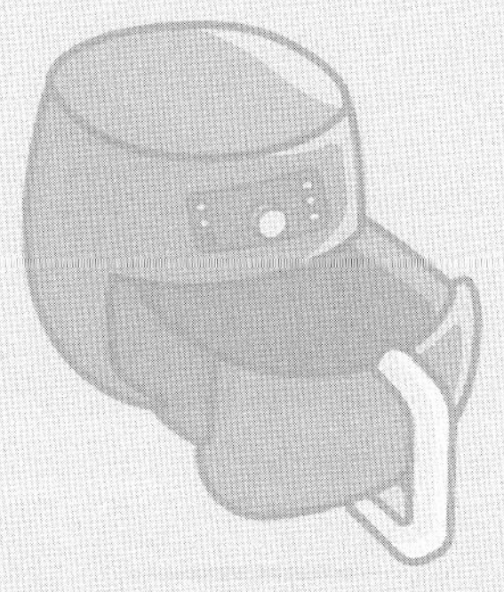

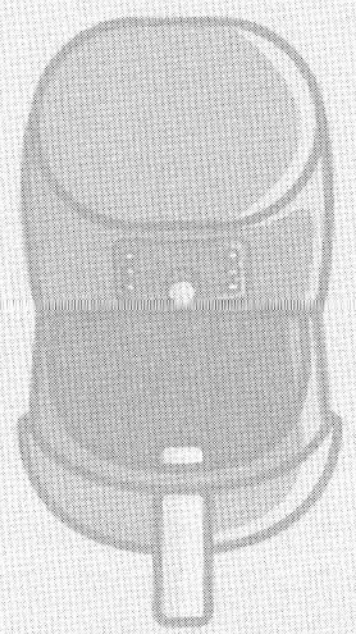

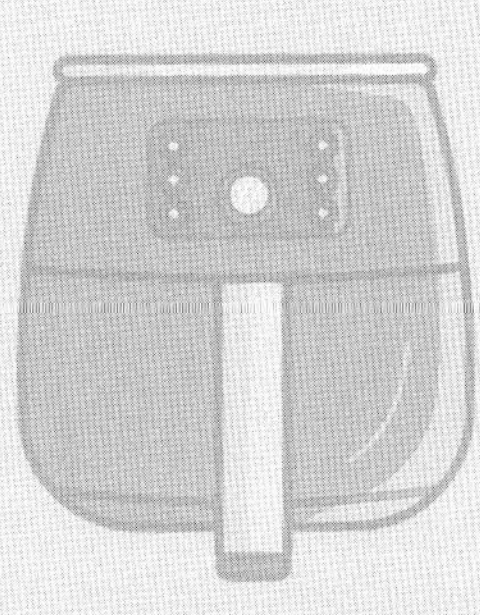

GARNELEN-TACOS

2 Port. 10 Min. Leicht

Zutaten

250 g Garnelen
4 Tortillas
2 EL Olivenöl
1 TL Knoblauchpulver
50 g Eisbergsalat
1 Tomate
50 g Joghurt

Nährwerte p. P.

485 kcal
56 g Kohlenhydrate
14 g Fett
35 g Eiweiß

1 Würzen Sie die Garnelen und geben Sie das Olivenöl darüber. Backen Sie die Garnelen bei 200 °C etwa 6 Minuten lang in der Heißluftfritteuse.

2 Schneiden Sie in der Zwischenzeit den Salat und die Tomate klein.

3 Bestreichen Sie die Tortillas und befüllen Sie sie. Klappen Sie die äußeren Ränder der Tortillas hoch.

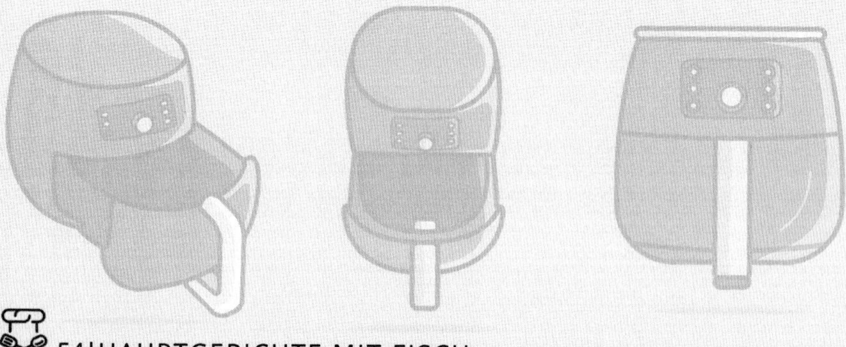

Vegetarische Hauptgerichte

GEBRATENER BROKKOLI

2 Port. 10 Min. Leicht

Zutaten

350 g Brokkoli
2 EL Olivenöl
Je 1 Pr Salz und Pfeffer
1 Pr Knoblauchpulver

Nährwerte p. P.

196 kcal
6 g Kohlenhydrate
15 g Fett
6 g Eiweiß

1 Zerteilen Sie den Brokkoli.

2 Verrühren Sie das Öl mit den Gewürzen und bestreichen Sie den Brokkoli damit.

3 Garen Sie den Brokkoli bei 200 °C etwa 6 Minuten lang.

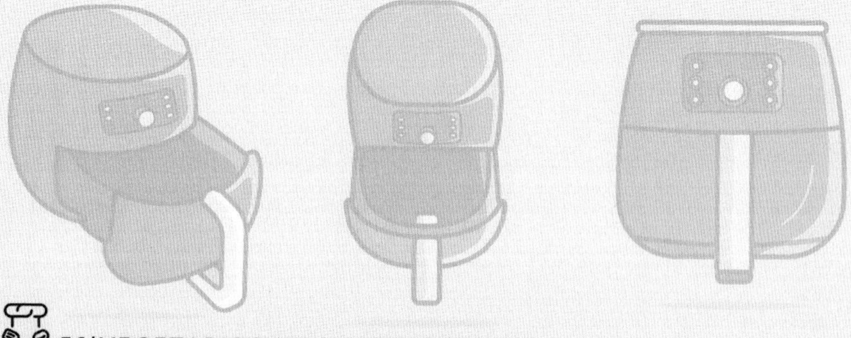

BROKKOLI-NUGGETS

2 Port.

30 Min.

Leicht

Zutaten

600 g Brokkoli
150 g geriebener Käse
1 Zwiebel
2 Eier
2 EL Magerquark
1 EL Mehl

Nährwerte p. P.

550 kcal
16 g Kohlenhydrate
34 g Fett
39 g Eiweiß

1 Waschen Sie den Brokkoli und teilen Sie ihn in Röschen. Geben Sie ihn danach so lange in kochendes Wasser, bis er gar ist.

2 Schälen Sie die Zwiebel und zerhacken Sie sie gemeinsam mit dem gekochten Brokkoli.

3 Verkneten Sie alle Zutaten zu einer Masse und formen Sie daraus die Nuggets.

4 Garen Sie die Nuggets bei 180 °C etwa 15 Minuten lang.

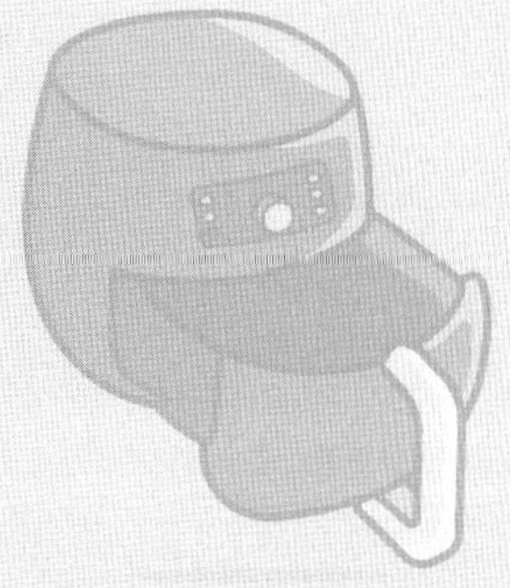

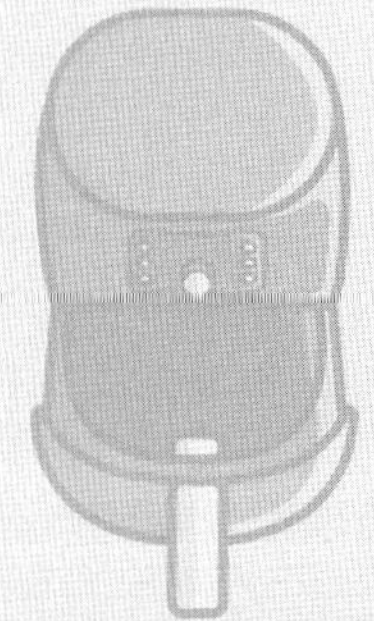

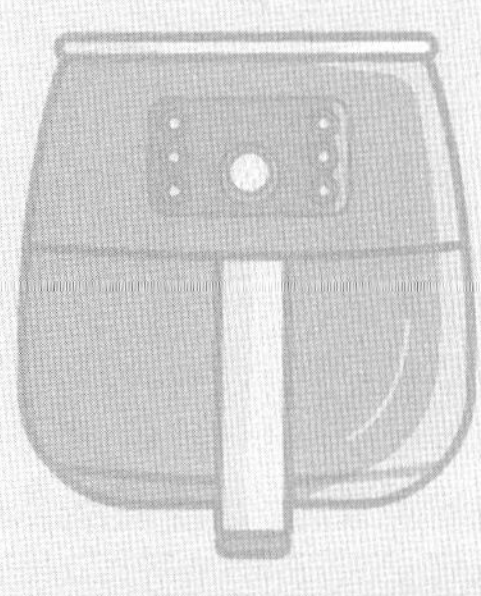

MAIS-SPIEßE

 4 Port.  10 Min. Leicht

Zutaten

3 Maiskolben
1 EL Butter
4 EL Maiskeimöl
Salz

Nährwerte p. P.

87 kcal
8 g Kohlenhydrate
3 g Fett
2 g Eiweiß

1 Putzen Sie die Maiskolben und schneiden Sie sie in Scheiben. Spießen Sie die Scheiben auf und bestreichen Sie sie mit Öl.

2 Geben Sie die Spieße bei 180 °C für ca. 15 Minuten in die Heißluftfritteuse.

3 Bringen Sie in der Zwischenzeit die Butter zum Schmelzen.

4 Bestreichen Sie die fertigen Mais-Spieße mit Butter und geben Sie etwas Salz hinzu.

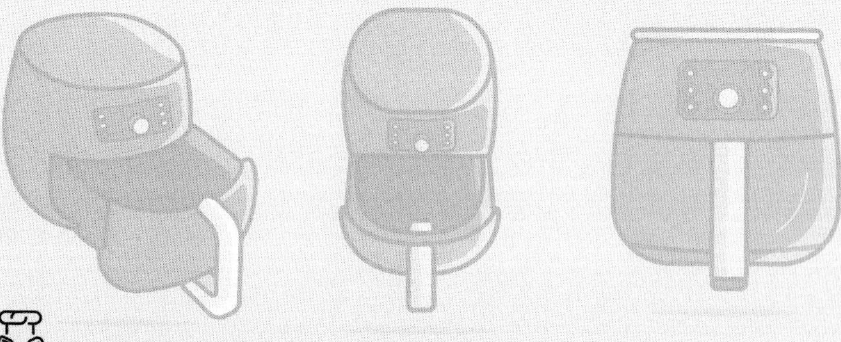

KÜRBIS-RAVIOLI

4 Port. 10 Min. Leicht

Zutaten

600 g Kürbis
500 g Weizenmehl
100 g Ricotta
70 g gemahlene Haselnüsse
30 g Butter
2 Eier
1 EL Olivenöl
Salz, Pfeffer

Nährwerte p. P.

704 kcal
97 g Kohlenhydrate
23 g Fett
23 g Eiweiß

1 Holen Sie das Fruchtfleisch aus dem Kürbis und entfernen Sie die Kerne.

2 Geben Sie das Öl auf den Kürbis und garen Sie diesen bei 180 °C für ca. 30 Minuten in der Heißluftfritteuse.

3 Vermischen Sie das Mehl mit den Eiern sowie etwas Wasser zu einem glatten Nudelteig. Rollen Sie den Teig aus und schneiden Sie ihn in gleichmäßige Streifen.

4 Verrühren Sie die restlichen Zutaten zu einer Füllung. Pürieren Sie diese.

5 Geben Sie jeweils auf einen Streifen kleine Kleckse der Füllung, zwischen denen Sie einige Zentimeter Platz lassen. Nehmen Sie dann einen zweiten Teigstreifen, um den ersten abzudecken.

6 Drücken Sie die beiden Teigstreifen fest aneinander und trennen Sie sie in Quadrate.

7 Geben Sie die Ravioli für ca. 7 Minuten in ausreichend kochendes Salzwasser.

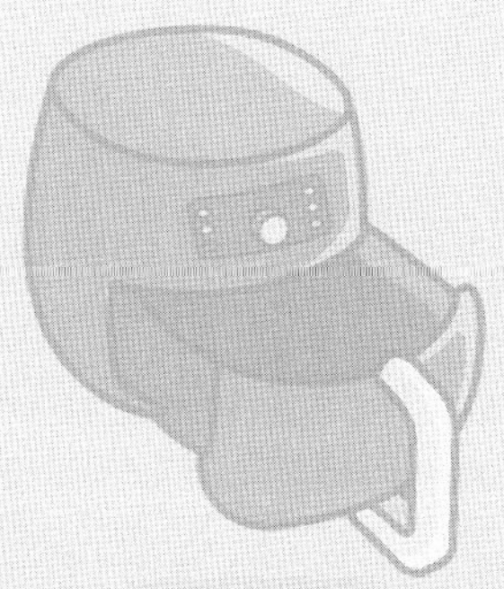 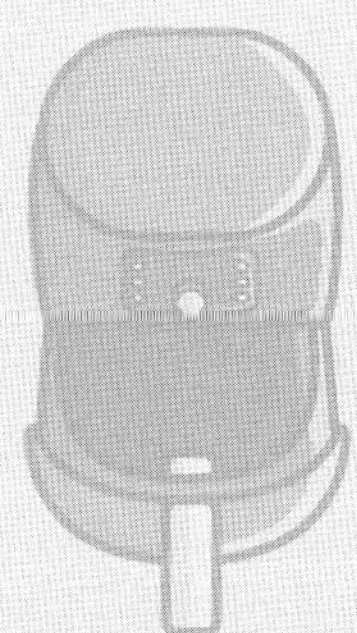 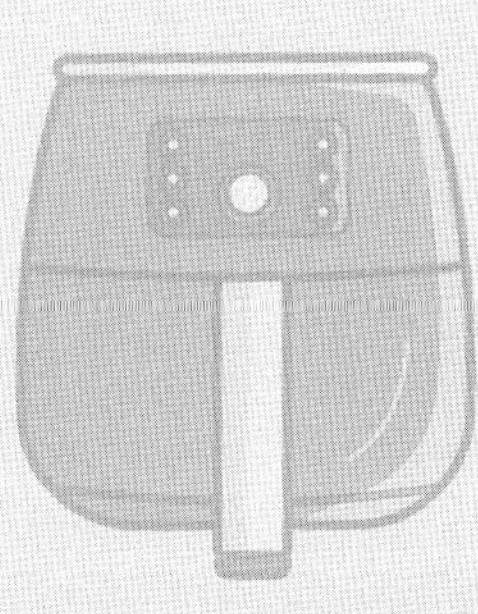

KARTOFFELAUFLAUF

4 Port.

30 Min.

Leicht

Zutaten

400 g Kartoffeln
50 ml Sahne
50 ml Milch
50 g geriebener Käse
Salz, Pfeffer

Nährwerte p. P.

356 kcal
36 g Kohlenhydrate
17 g Fett
12 g Eiweiß

1 Schneiden Sie die Kartoffeln in möglichst dünne Scheiben.

2 Verrühren Sie die Milch mit der Sahne und würzen Sie die Mischung mit Pfeffer und Salz.

3 Geben Sie die Kartoffeln in eine Auflaufform, die in die Heißluftfritteuse passt. Füllen Sie die Form mit der Milch-Sahne-Mischung auf und geben Sie den Käse darüber.

4 Backen Sie den Auflauf bei 200 °C ca. 16 Minuten.

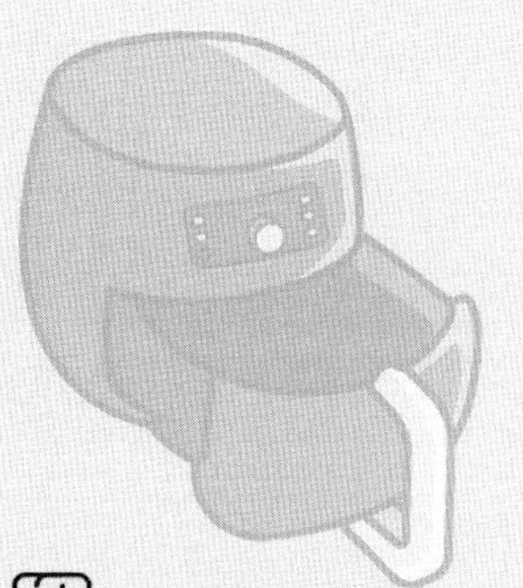

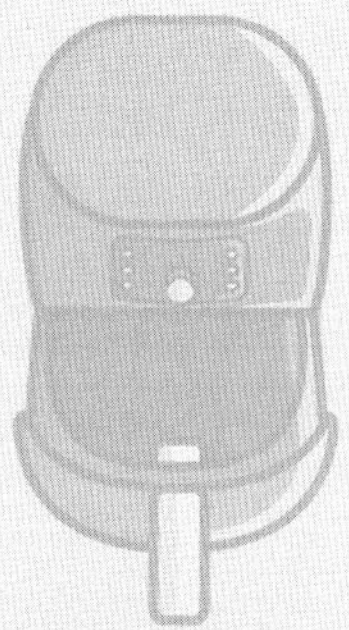

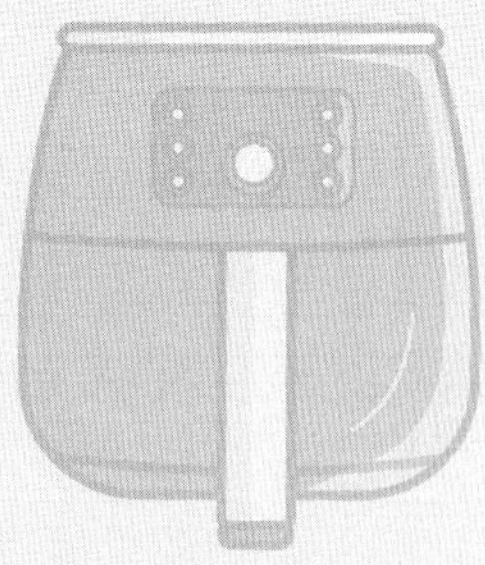

CURRY-PFANNE

2 Port. 20 Min. Leicht

Zutaten

100 g Frischkäse
100 ml Wasser
2 Paprika
2 Tomaten
1 Zwiebel
2 TL Sojasoße
Salz
Currygewürz

Nährwerte p. P.

227 kcal
16 g Kohlenhydrate
13 g Fett
7 g Eiweiß

1 Schneiden Sie alle Zutaten klein. Braten Sie die Zwiebel bei 180 °C für 3 – 4 Minuten in der Heißluftfritteuse an.

2 Verrühren Sie den Frischkäse mit dem Wasser. Rühren Sie die restlichen Zutaten unter und schmecken Sie mit Curry und Salz ab.

3 Geben Sie alles zusammen für ca. 15 Minuten in die Heißluftfritteuse.

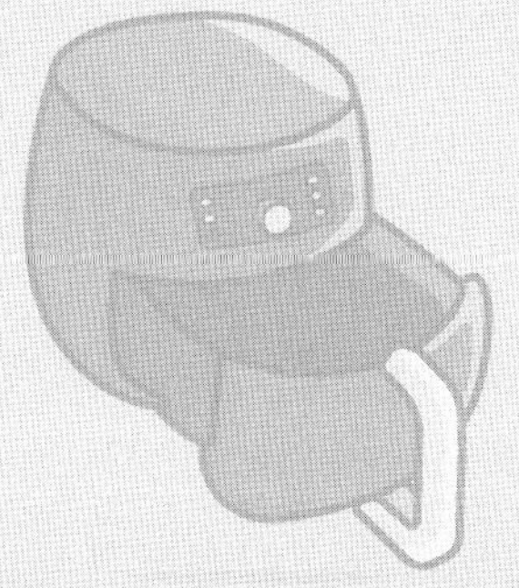
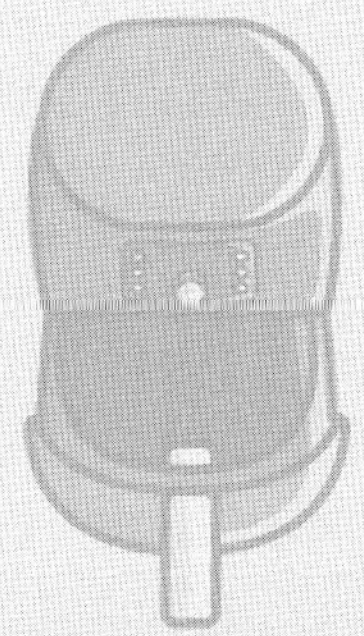
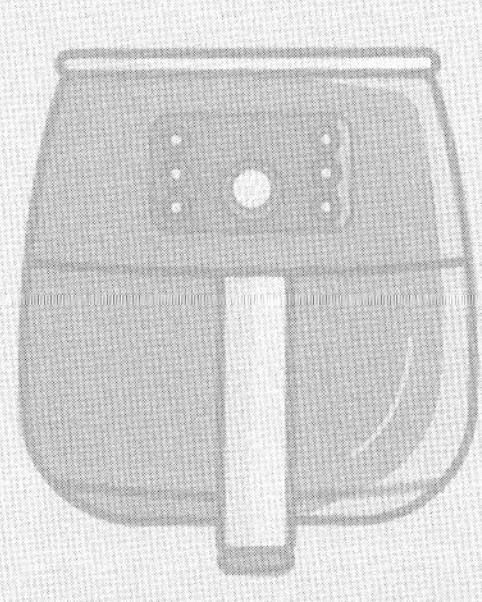

PAPRIKA-ZUCCHINI-PFANNE

2 Port.

15 Min.

Leicht

Zutaten

1 Zucchini
2 Paprika
1 Zwiebel
1 Knoblauchzehe
1 TL Öl
Salz, Pfeffer
Basilikum

Nährwerte p. P.

111 kcal
14 g Kohlenhydrate
3 g Fett
4 g Eiweiß

1 Waschen Sie die Paprika und die Zucchini und schneiden Sie beides klein. Schälen und zerhacken Sie die Zwiebel und den Knoblauch.

2 Geben Sie alle Zutaten in die Heißluftfritteuse und garen Sie sie bei 180 °C für ca. 10 Minuten.

3 Würzen Sie die Pfanne mit den Gewürzen.

CALZONE-ZUCCHINI

2 Port.

15 Min.

Leicht

Zutaten

1 Pck. Pizzateig
250 g Ricotta
1 Zucchini
10 Cherrytomaten

Nährwerte p. P.

250 kcal
12 g Kohlenhydrate
17 g Fett
12 g Eiweiß

1 Waschen Sie die Zucchini und die Tomaten. Die Zucchini schneiden Sie in Würfel und die Tomaten halbieren Sie.

2 Breiten Sie den Teig aus und formen Sie ihn zu einem Kreis. Bestreichen Sie ihn mit dem Ricotta und geben Sie dann die Zucchini und die Tomaten in die Mitte.

3 Klappen Sie die Pizza in der Mitte zu und backen Sie sie bei 180 °C für etwa 10 Minuten, bis der Teig bräunlich wird.

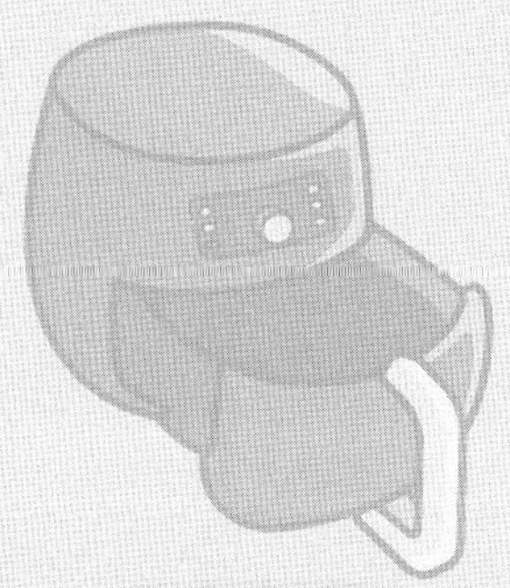

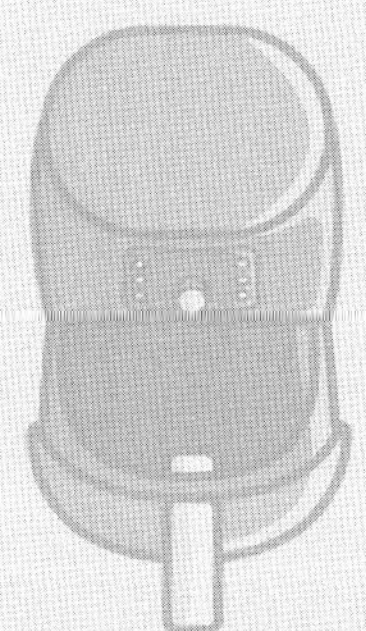

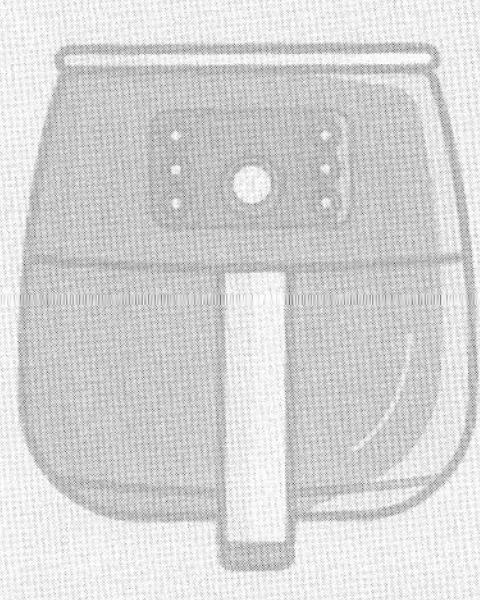

GEMÜSEMUFFINS

4 Port.

40 Min.

Leicht

Zutaten

100 g Spargel
30 g getrocknete Tomaten
1 Paprika
30 g Spinat
1 Knoblauchzehe
1 Ei
25 g Sauerrahm
1 TL Backpulver
75 g Weizenmehl
2 EL Olivenöl
50 ml Buttermilch

Nährwerte p. P.

192 kcal
20 g Kohlenhydrate
10 g Fett
5 g Eiweiß

1 Schneiden Sie das gesamte Gemüse in möglichst kleine Stücke.

2 Verrühren Sie das Mehl mit dem Backpulver. Geben Sie dann das Ei, das Olivenöl, den Sauerrahm sowie die Buttermilch dazu.

3 Verrühren Sie den Teig mit dem Gemüse.

4 Backen Sie die Muffins bei 140 °C etwa 15 Minuten lang.

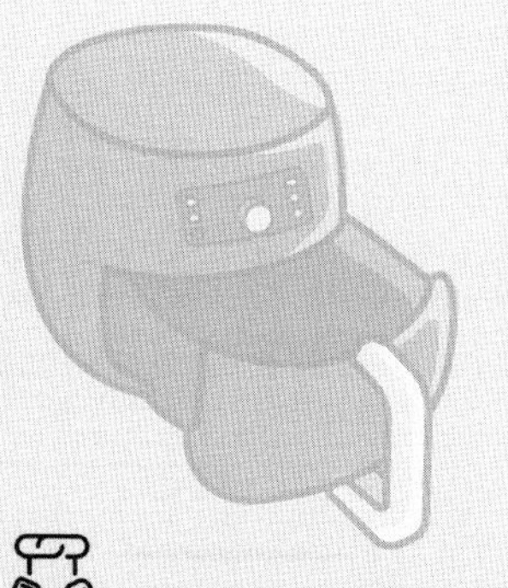

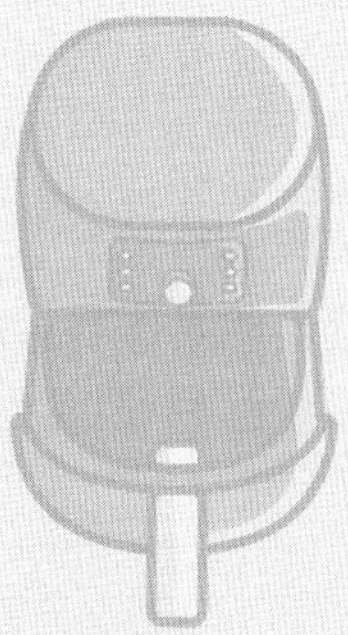

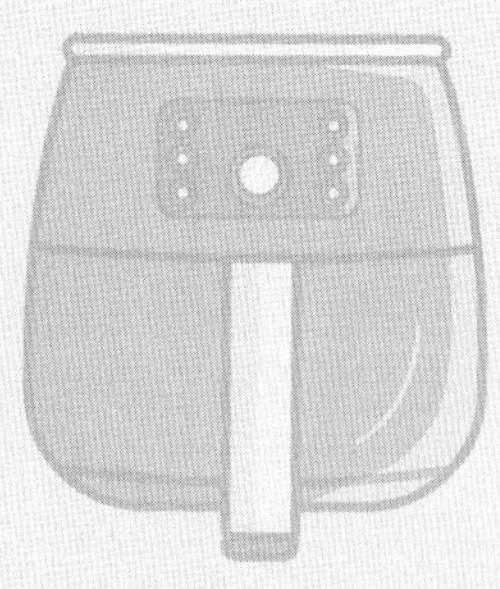

KARTOFFELSTRUDEL

4 Port.

1 Std.
5 Min.

Leicht

Zutaten

250 g Kartoffeln
125 g Frischkäse
100 g Hokkaidokürbis
70 g Brokkoli
50 g Erbsen
1 Pck. Strudelteig
1 Ei
1 TL Thymian
Salz, Pfeffer

Nährwerte p. P.

369 kcal
21 g Kohlenhydrate
17 g Fett
12 g Eiweiß

1 Waschen Sie die Kartoffeln und garen Sie sie etwa 25 Minuten lang in kochendem Salzwasser.

2 Schneiden Sie den Brokkoli und den Kürbis in kleine Stücke. Garen Sie beides sowie die Erbsen in getrennten Töpfen in kochendem Salzwasser für etwa 10 Minuten.

3 Zerstampfen Sie die Kartoffeln und mischen Sie sie mit den anderen Zutaten, abgesehen vom Teig.

4 Breiten Sie den Teig aus und geben Sie die Kartoffelmasse darauf. Rollen Sie ihn dann auf.

5 Garen Sie den Kartoffelstrudel bei 180 °C für etwa 20 Minuten.

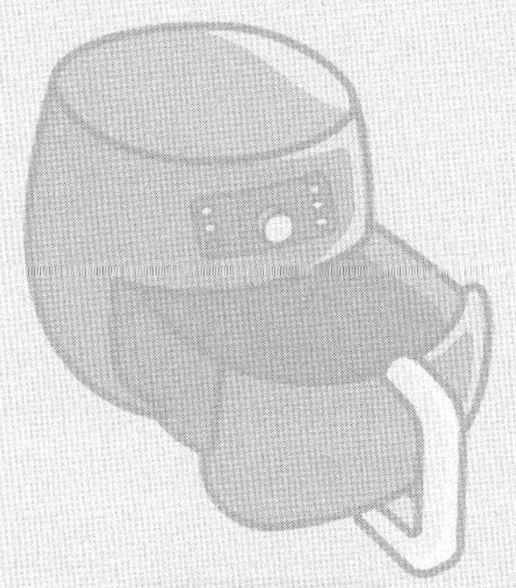

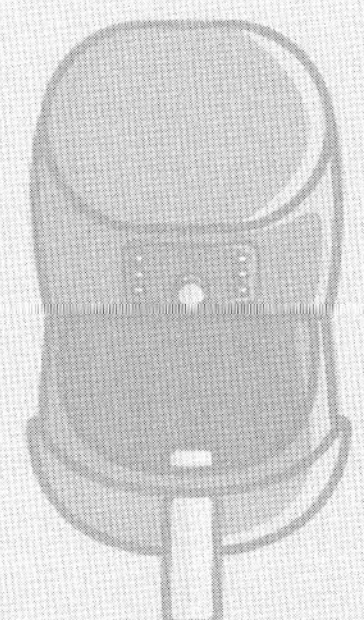

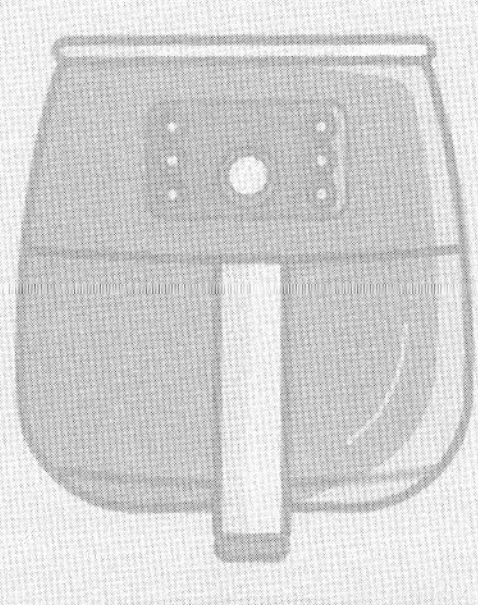

ANTIPASTI

4 Port. 25 Min. Leicht

Zutaten

100 g Feta
1 Aubergine
1 Zucchini
1 Knoblauchzehe
1 rote Zwiebel
1 Paprika
2 EL Olivenöl
3 Zweige Thymian
Salz, Pfeffer

Nährwerte p. P.

111 kcal
7 g Kohlenhydrate
6 g Fett
6 g Eiweiß

1 Schneiden Sie das gesamte Gemüse in mundgerechte Stücke, nachdem Sie es entweder geschält oder geputzt haben. Waschen Sie den Thymian und zerhacken Sie die Blätter.

2 Vermischen Sie das Gemüse mit dem Öl und dem Thymian und geben Sie auch etwas Pfeffer und Salz dazu.

3 Geben Sie das Gemüse für ca. 20 Minuten bei 180 °C in die Heißluftfritteuse. Zerbröseln Sie danach den Feta und mischen Sie ihn unter.

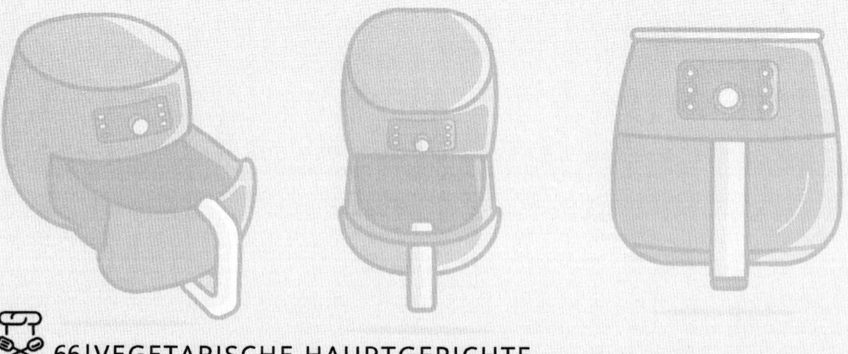

REIS-PFANNE

2 Port.

30 Min.

Leicht

Zutaten

1 Beutel Reis
75 g Frischkäse
4 Tomaten
2 Paprika
1 Knoblauchzehe
2 Stangen Porree
250 ml Gemüsebrühe

Nährwerte p. P.

280 kcal
14 g Kohlenhydrate
5 g Fett
8 g Eiweiß

1 Garen Sie den Reis für 15 - 20 Minuten in kochendem Wasser. Waschen, schälen und zerschneiden Sie in der Zwischenzeit das Gemüse.

2 Geben Sie das Gemüse in die Heißluftfritteuse und garen Sie es bei 180 °C für ca. 6 Minuten.

3 Rühren Sie die Gemüsebrühe an und geben Sie sie zu den anderen Zutaten. Garen Sie alles zusammen für weitere 6 Minuten.

4 Geben Sie zum Schluss den Frischkäse dazu und garen Sie das Gemüse so lange, bis es die gewünschte Bissfestigkeit erreicht hat.

5 Verrühren Sie das Gemüse mit dem Reis.

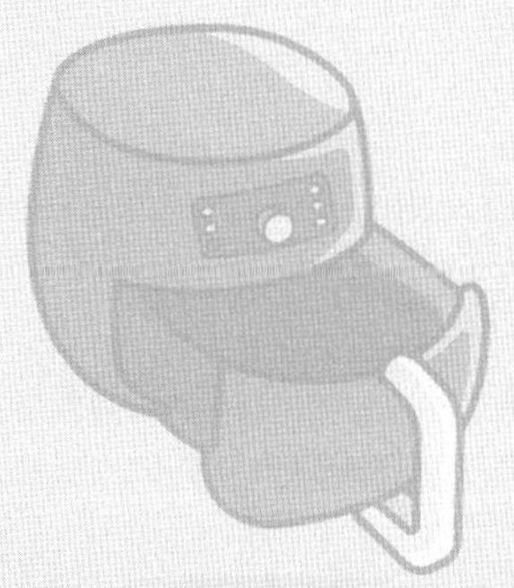

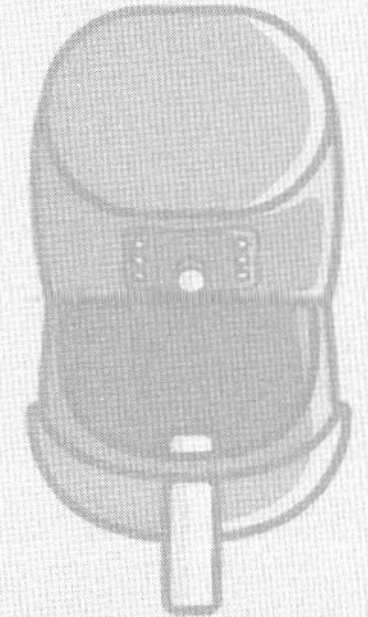

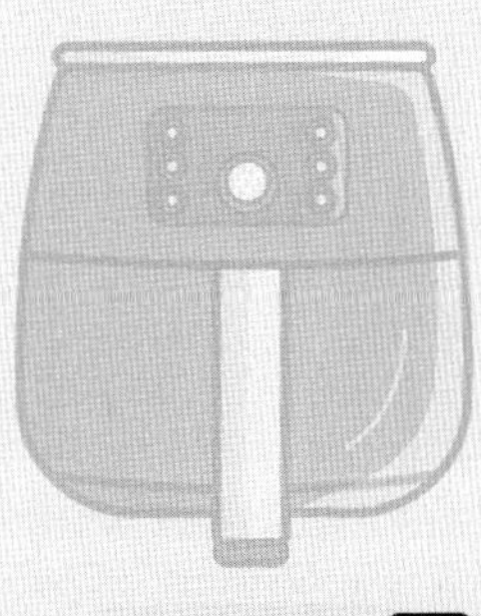

ÜBERBACKENE NUDELN MIT FETA

2 Port. 25 Min. Leicht

Zutaten

350 g Nudeln
200 g Cherrytomaten
125 g Feta
1 Knoblauchzehe
2 EL Olivenöl
1 TL Honig
Oregano
Basilikum

Nährwerte p. P.

562 kcal
19 g Kohlenhydrate
9 g Fett
4 g Eiweiß

1 Geben Sie die Nudeln in kochendes Salzwasser und kochen Sie sie dort für ca. 8 Minuten.

2 Waschen und halbieren Sie die Tomaten, dann schälen und zerhacken Sie den Knoblauch.

3 Legen Sie den Feta mittig in eine für die Heißluftfritteuse geeignete Auflaufform und verteilen Sie die Tomaten sowie den Knoblauch drumherum. Verteilen Sie das Olivenöl, den Honig sowie die Gewürze auf dem Feta.

4 Geben Sie die Nudeln dazu und backen Sie alles zusammen bei 150 °C für etwa 15 Minuten.

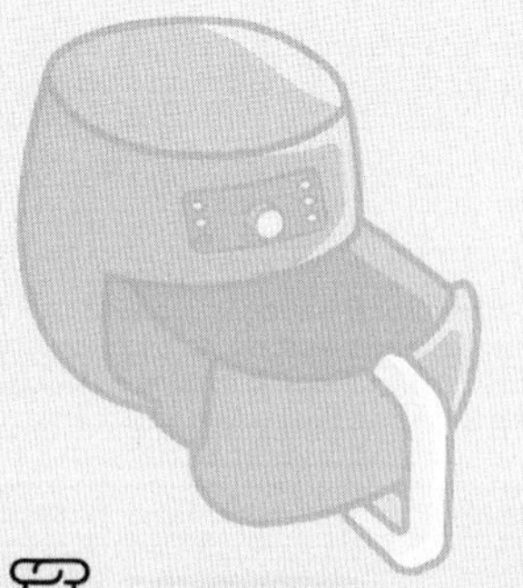
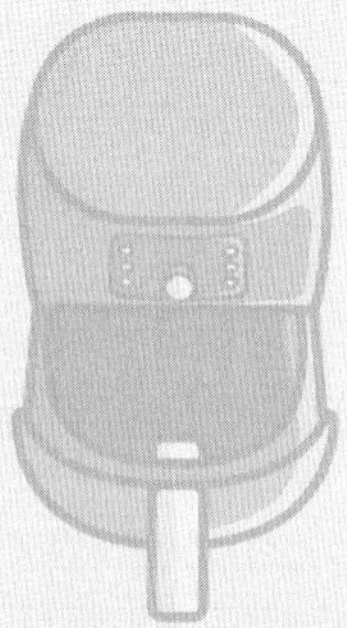
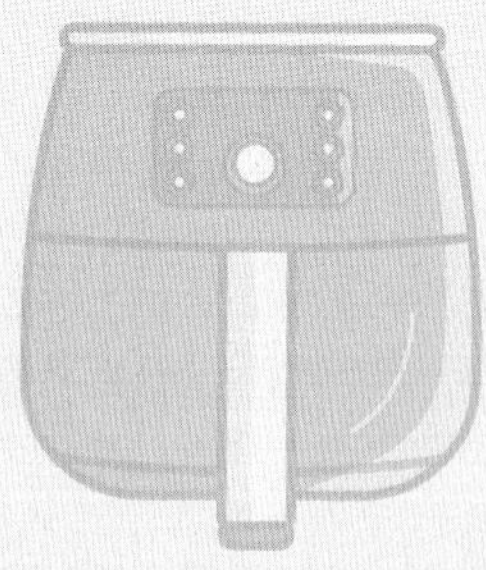

SAUERKRAUT-TALER

4 Port.

10 Min.

Leicht

Zutaten

500 g Sauerkraut
2 Eier
200 g geriebener Käse
Salz, Pfeffer

Nährwerte p. P.

559 kcal
3 g Kohlenhydrate
44 g Fett
34 g Eiweiß

1 Lassen Sie das Sauerkraut abtropfen.

2 Vermengen Sie alle Zutaten miteinander und formen Sie die Masse zu Talern.

3 Backen Sie die Taler bei 180 °C etwa 7 Minuten lang.

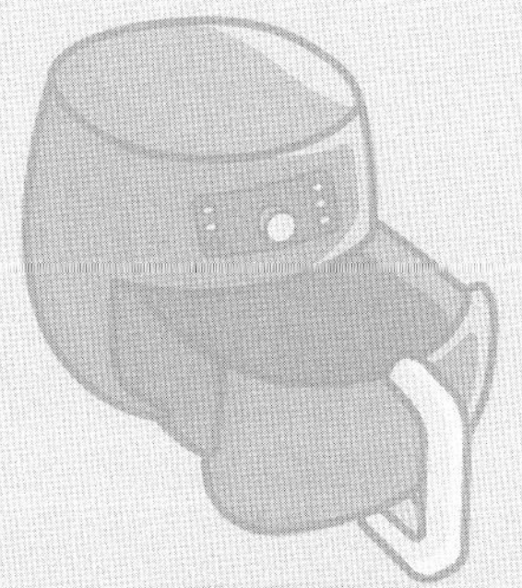

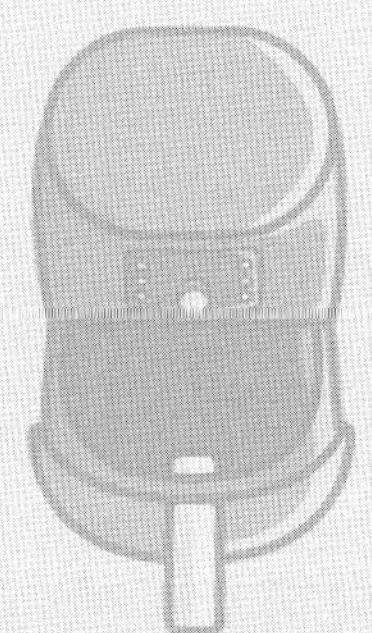

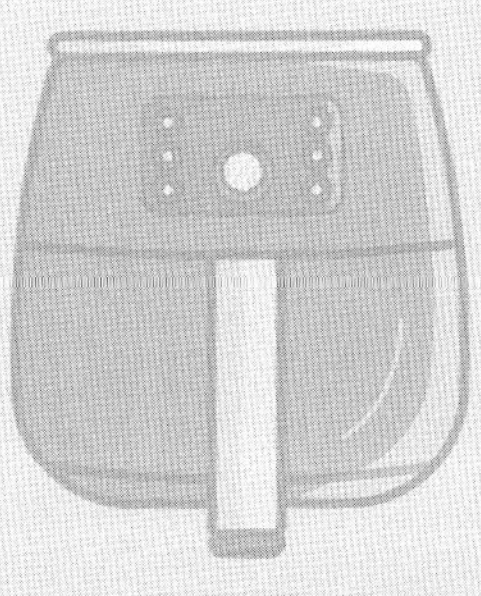

ROSENKOHL-PASTA

4 Port. 25 Min. Leicht

Zutaten

500 g Nudeln
400 g Rosenkohl
1 Zwiebel
2 EL Olivenöl
Salz, Pfeffer

Nährwerte p. P.

462 kcal
67 g Kohlenhydrate
11 g Fett
17 g Eiweiß

1 Waschen Sie den Rosenkohl und entfernen Sie den Strunk sowie verwelkte Außenblätter. Vierteln Sie die Kugeln.

2 Geben Sie das Öl sowie etwas Salz und Pfeffer auf den Rosenkohl und geben Sie ihn dann bei 200 °C für etwa 20 Minuten in die Heißluftfritteuse.

3 In der Zwischenzeit schälen und zerkleinern Sie die Zwiebel. Braten Sie sie kurz in einer Pfanne mit Öl an, bis sie durchsichtig wird.

4 Geben Sie die Nudeln in ausreichend kochendes Salzwasser und köcheln Sie sie für ca. 8 Minuten.

5 Verrühren Sie die fertigen Nudeln mit der Zwiebel und dem Rosenkohl.

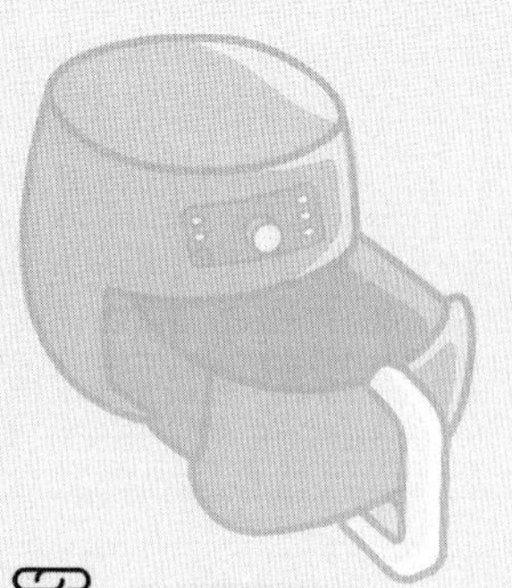 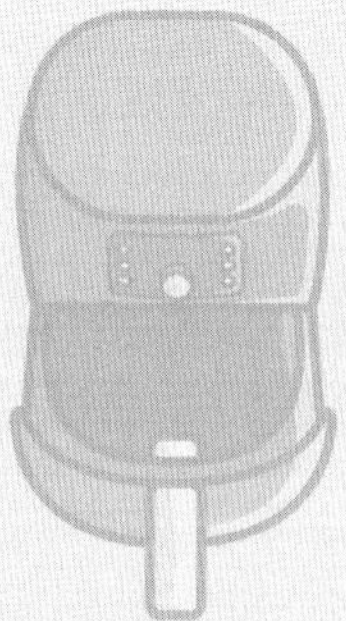 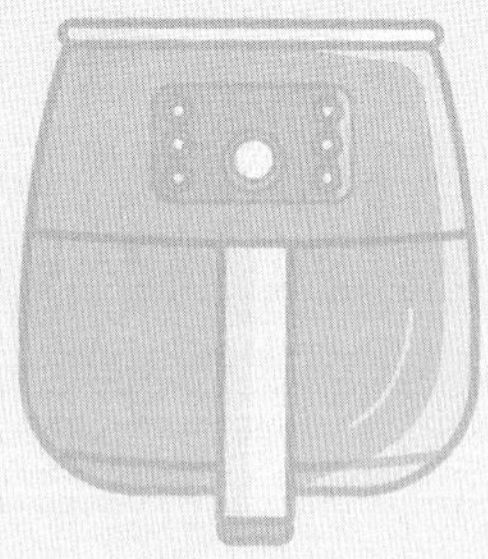

BROTAUFLAUF

4 Port. 25 Min. Leicht

Zutaten

200 g Brot
300 ml Sahne
1 Zwiebel
1 Paprika
2 Tomaten
80 g geriebener Käse
5 Eier
Salz, Pfeffer

Nährwerte p. P.

502 kcal
30 g Kohlenhydrate
35 g Fett
17 g Eiweiß

1 Schneiden Sie alle Zutaten in kleine Würfel.

2 Verrühren Sie das Olivenöl mit etwas Pfeffer und Salz. Verrühren Sie die Eier mit der Sahne und dem Käse.

3 Braten Sie das Gemüse und das Brot für etwa 5 Minuten bei 180 °C in der Heißluftfritteuse vor.

4 Stapeln Sie alle Zutaten in einer Auflaufform und geben Sie die Soße darüber.

5 Überbacken Sie den Auflauf bei 180 °C für etwa 8 Minuten.

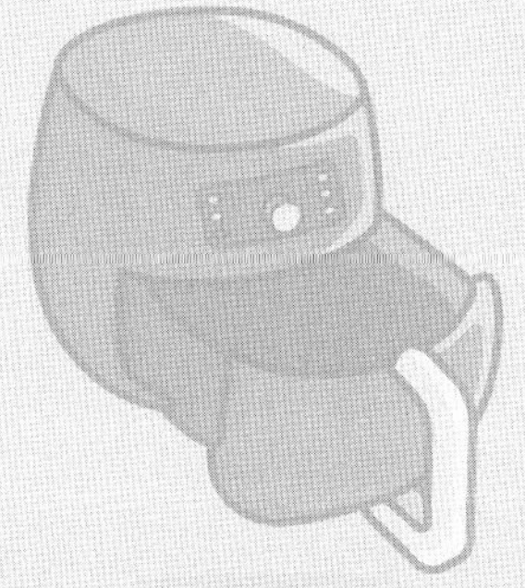
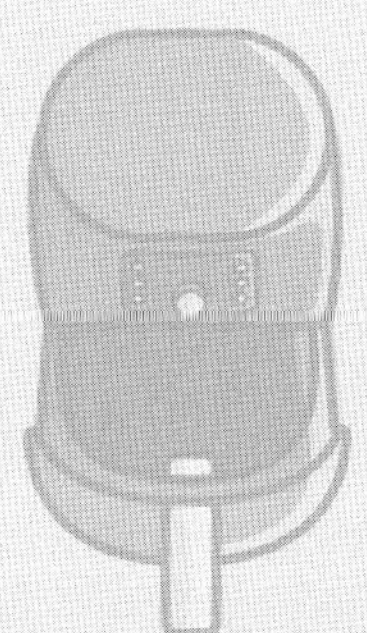
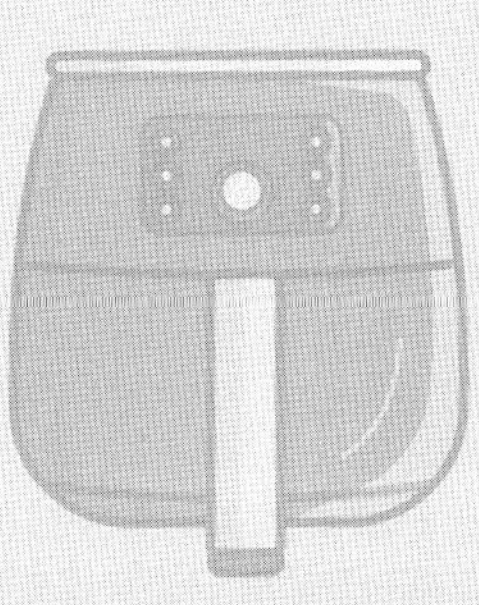

BÖREK

4 Port.

1 Std. 25 Min.

Mittel

Zutaten

500 g Kartoffeln
8 Blätter Yufkateig
250 g Feta
100 g Butter
1 EL Petersilie
1 TL Paprikapulver
Salz, Pfeffer

Nährwerte p. P.

451 kcal
24 g Kohlenhydrate
33 g Fett
14 g Eiweiß

1 Schälen Sie die Kartoffeln und kochen Sie sie etwa 25 Minuten lang, bis sie gar sind. Schneiden Sie sie danach in Würfel.

2 Bröseln Sie den Feta klein und geben Sie ihn gemeinsam mit den Gewürzen zu den Kartoffeln.

3 Schmelzen Sie die Butter und streichen Sie sie auf den Teig. Legen Sie die Füllung auf den Teig und rollen Sie ihn zusammen.

4 Legen Sie die einzelnen Teigblätter aneinander und formen Sie eine Schnecke.

5 Backen Sie die Schnecke bei 180 °C etwa 20 Minuten lang.

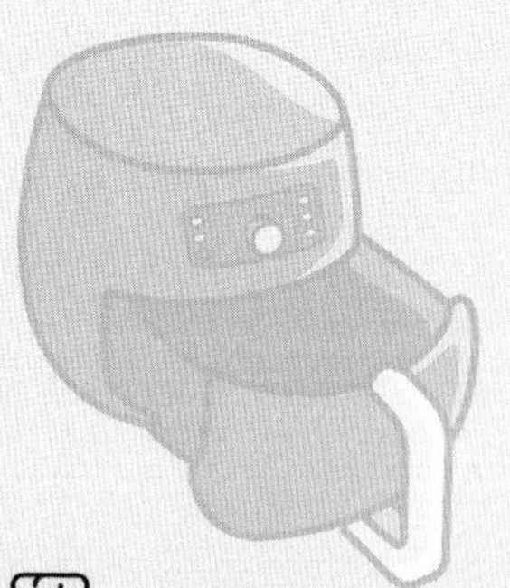

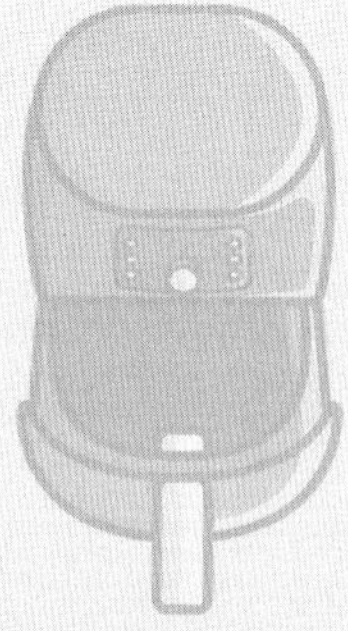

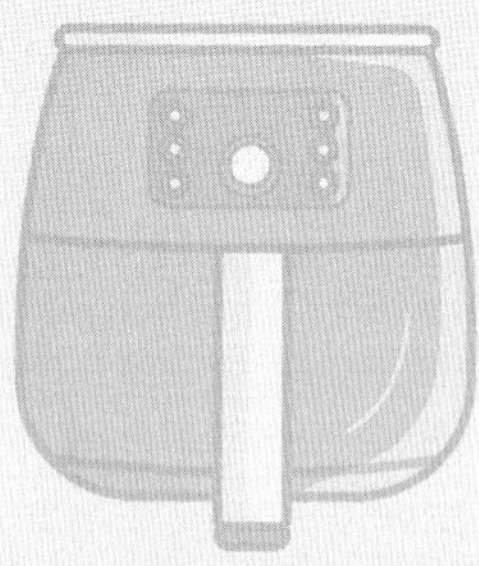

Vegane Hauptgerichte

OFENGEMÜSE

4 Port. 35 Min. Leicht

Zutaten

200 g Pilze
1 rote Zwiebel
Je 1 gelbe und rote Paprika
1 Zucchini
1 EL Olivenöl
1 Pr Kräutermischung
Je 1 Pr Salz und Pfeffer

Nährwerte p. P.

94 kcal
6 g Kohlenhydrate
5 g Fett
3 g Eiweiß

1 Putzen Sie die Pilze und schneiden Sie sie in Scheiben. Waschen Sie das Gemüse und schneiden Sie es in mundgerechte Stücke.

2 Verrühren Sie die Gewürze mit dem Olivenöl und geben Sie diese Mischung über das Gemüse und die Pilze. Alles gut miteinander vermischen.

3 Das Gemüse für ca. 15 Minuten bei 180 °C in der Heißluftfritteuse garen.

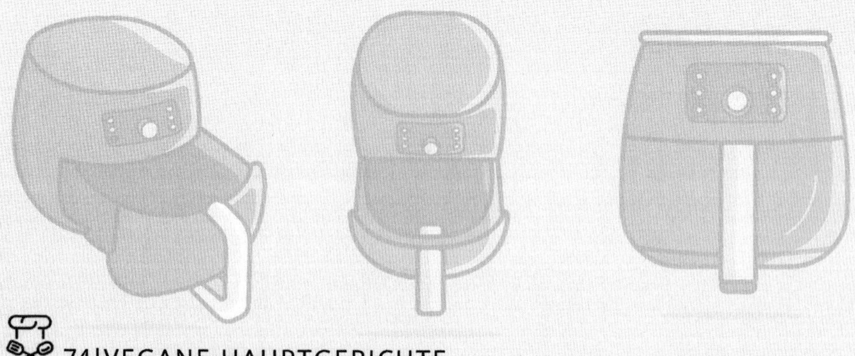

FRÜHLINGSROLLEN

6 Port.

20 Min.

Mittel

Zutaten

12 Reispapiere
100 g Rettich
2 Stangen Lauchzwiebeln
1 Karotte
2 Knoblauchzehen
2 EL Erdnussöl
2 EL Sojasoße
Öl

Nährwerte p. P.

299 kcal
62 g Kohlenhydrate
2 g Fett
4 g Eiweiß

1 Legen Sie das Reispapier zwischen zwei feuchte Tücher und lassen Sie sie dort liegen, während Sie die nächsten Schritte durchführen:

2 Schälen Sie den Rettich, die Karotte und den Knoblauch und putzen Sie die Lauchzwiebeln. Schneiden Sie alles in möglichst kleine Stücke.

3 Geben Sie etwas Öl in eine Pfanne oder einen Wok und braten Sie das Gemüse darin an. Geben Sie dann das Erdnussöl und die Sojasoße dazu.

4 Breiten Sie das Reispapier aus und verteilen Sie die Füllung darauf. Dann rollen Sie das Papier auf.

5 Garen Sie die Frühlingsrollen bei 200 °C für ca. 5 Minuten.

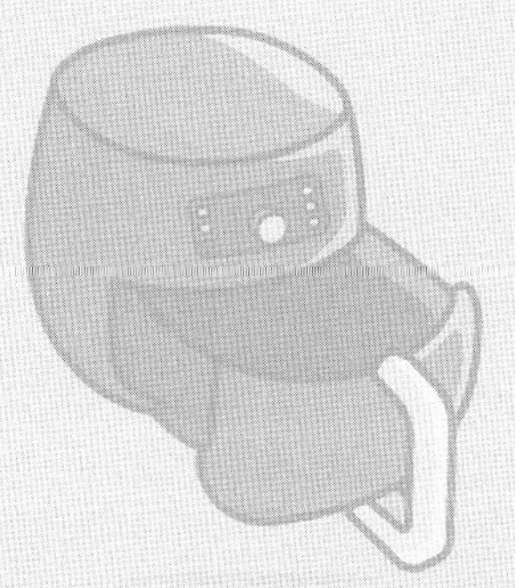

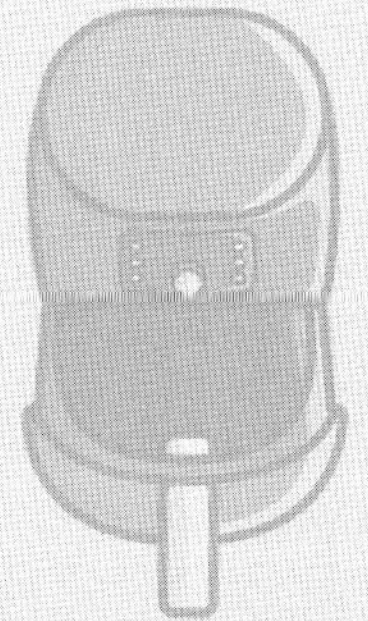

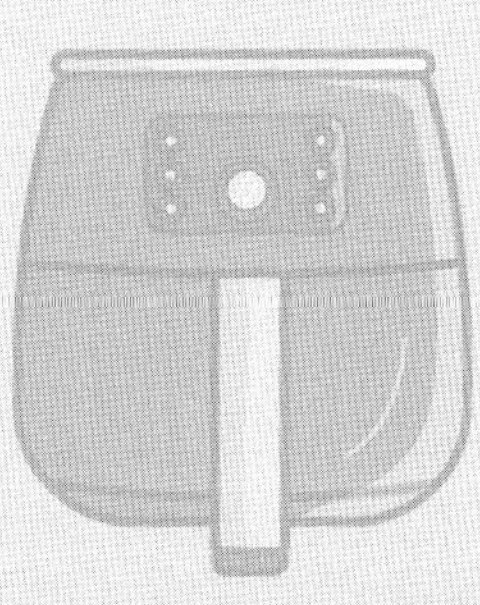

GEFÜLLTE AVOCADO

2 Port.

10 Min.

Leicht

Zutaten

2 Avocados
200 g Couscous
50 veganer geriebener Käse
Salz, Pfeffer
Gemüsebrühe

Nährwerte p. P.

867 kcal
70 g Kohlenhydrate
52 g Fett
19 g Eiweiß

1 Bereiten Sie den Couscous nach Packungsanweisung zu und schmecken Sie ihn mit Salz, Pfeffer und Gemüsebrühe ab.

2 Schneiden Sie die Avocado auf, entfernen Sie den Kern und holen Sie das Fruchtfleisch heraus. Pürieren Sie dieses und verrühren Sie es mit dem Couscous.

3 Geben Sie die Füllung in die Avocados und braten Sie diese für ca. 5 Minuten bei 175 °C in der Heißluftfritteuse.

FALAFEL

5 Port.

1 Tag

Mittel

Zutaten

400 g getrocknete Kichererbsen
1 Zwiebel
5 Knoblauchzehen
1 Handvoll Petersilie
2 TL Kümmel
1 TL Pfeffer
Öl

Nährwerte p. P.

390 kcal
55 g Kohlenhydrate
5 g Fett
15 g Eiweiß

1 Geben Sie die Kichererbsen in eine Schüssel mit Wasser und lassen Sie sie für ca. 24 Stunden ziehen. Schütten Sie das Wasser danach ab.

2 Schälen und zerhacken Sie die Zwiebel sowie den Knoblauch. Geben Sie alle Zutaten zusammen in einen Mixer oder pürieren Sie sie mit einem Pürierstab.

3 Formen Sie die entstandene Masse zu Bällchen.

4 Geben Sie etwas Öl auf die Falafeln und backen Sie sie bei 190 °C für ca. 15 Minuten.

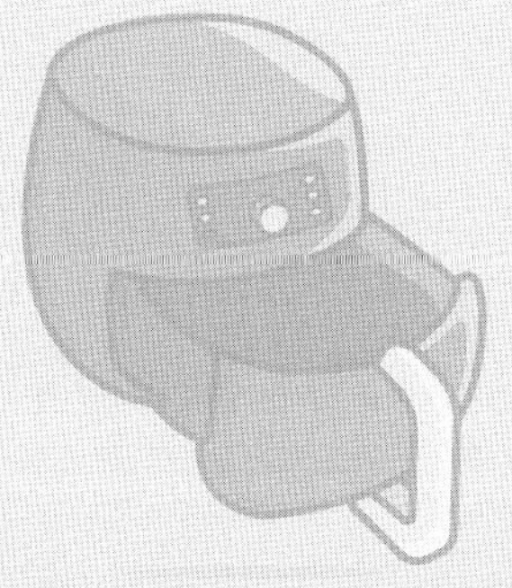

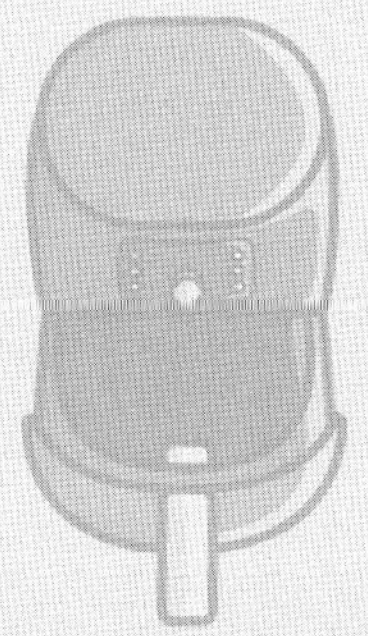

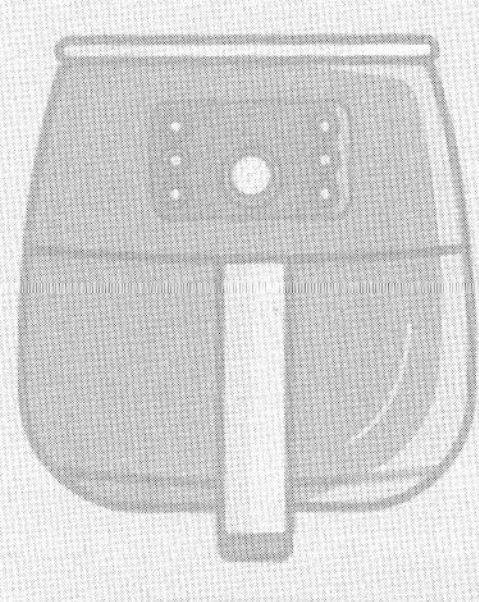

BLUMENKOHL-WINGS

4 Port. 20 Min. Leicht

Zutaten

600 g Blumenkohl
60 ml Pflanzenmilch
60 g Kichererbsenmehl
60 g Chilisoße
1 EL Öl
1 TL Knoblauchpulver
1 TL Salz
1 TL Paprikapulver

Nährwerte p. P.

2155 kcal
21 g Kohlenhydrate
5 g Fett
8 g Eiweiß

1 Zerteilen Sie den Blumenkohl in Röschen und geben Sie ihn in eine Schüssel.

2 Verrühren Sie die Milch mit dem Kichererbsenmehl, der Chilisoße, dem Öl sowie den Gewürzen.

3 Gießen Sie den Teig über den Blumenkohl und mischen Sie alles gut durch.

4 Backen Sie die Blumenkohl-Wings bei 180 °C für ca. 15 Minuten.

RATATOUILLE

4 Port. 35 Min. Leicht

Zutaten

400 g stückige Tomaten
2 Knoblauchzehen
2 Paprika
1 Aubergine
1 Zucchini
Olivenöl
Salz, Pfeffer

Nährwerte p. P.

106 kcal
16 g Kohlenhydrate
2 g Fett
5 g Eiweiß

1 Waschen Sie das Gemüse und schneiden Sie es in Scheiben beziehungsweise Streifen.

2 Geben Sie die Aubergine und die Paprika bei 200 °C für etwa 10 Minuten in die Heißluftfritteuse.

3 Schälen Sie währenddessen den Knoblauch und schneiden Sie ihn ebenfalls in Scheiben.

4 Geben Sie die stückigen Tomaten in eine für die Heißluftfritteuse geeignete Form und würzen Sie sie mit Pfeffer und Salz. Fügen Sie dann den Knoblauch hinzu.

5 Schichten Sie das Gemüse in der Form und garen Sie das Ratatouille bei 200 °C 20 Minuten lang.

6 Geben Sie etwas Olivenöl über das fertige Gericht.

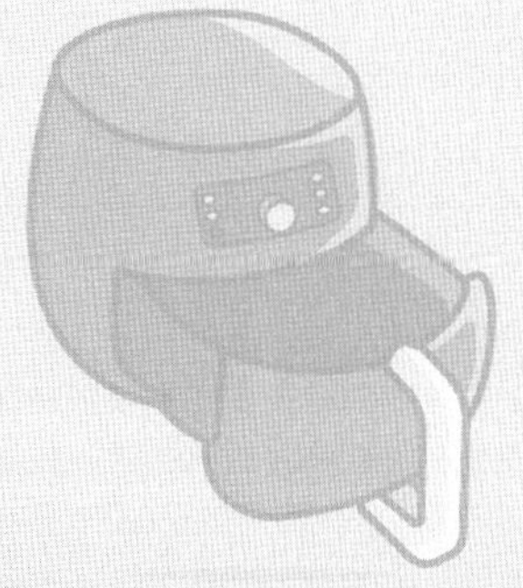 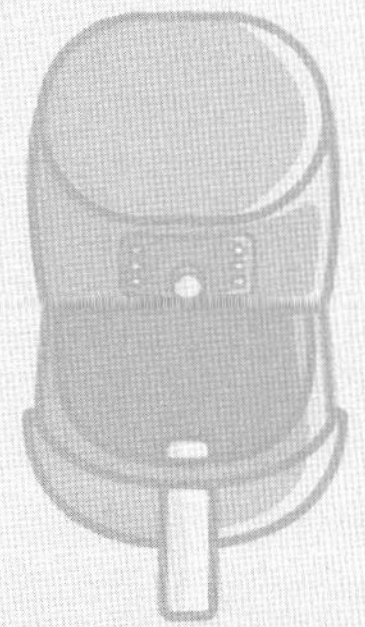 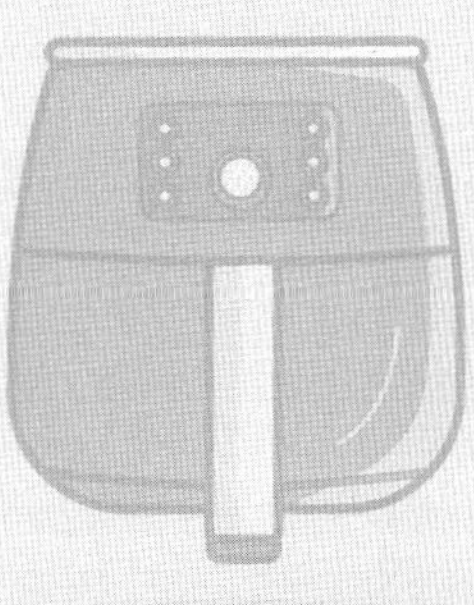

GEMÜSEPFANNE

4 Port.

40 Min.

Leicht

Zutaten

1 Zucchini
250 g Champignons
1 Paprika
100 g saure Sahne
3 EL Öl
1 Handvoll Kräutermischung
1 TL Paprikapulver

Nährwerte p. P.

467 kcal
20 g Kohlenhydrate
33 g Fett
20 g Eiweiß

1 Waschen Sie das Gemüse und schneiden Sie es in mundgerechte Stücke. Vermischen Sie das Öl mit den Gewürzen und verteilen Sie es über dem Gemüse.

2 Geben Sie das Gemüse in die Heißluftfritteuse und garen Sie es bei 180 °C für etwa 30 Minuten.

3 Verrühren Sie die Kräuter mit der sauren Sahne und rühren Sie die Soße unter das fertige Gemüse.

ZWEIERLEI SPARGEL

4 Port.

30 Min.

Leicht

Zutaten

500 g weißer Spargel
500 g grüner Spargel
2 EL Olivenöl

Nährwerte p. P.

119 kcal
5 g Kohlenhydrate
8 g Fett
5 g Eiweiß

1 Schälen Sie den weißen Spargel komplett und den grünen nur im unteren Drittel.

2 Geben Sie beide Spargelsorten gemeinsam mit dem Olivenöl in die Heißluftfritteuse und garen Sie sie bei 180 °C für etwa 12 Minuten.

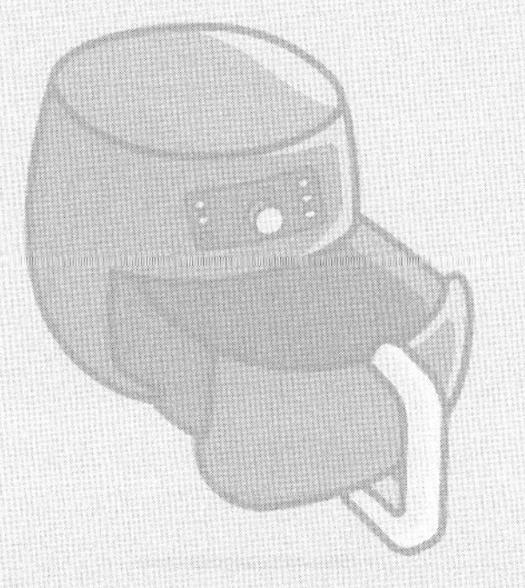

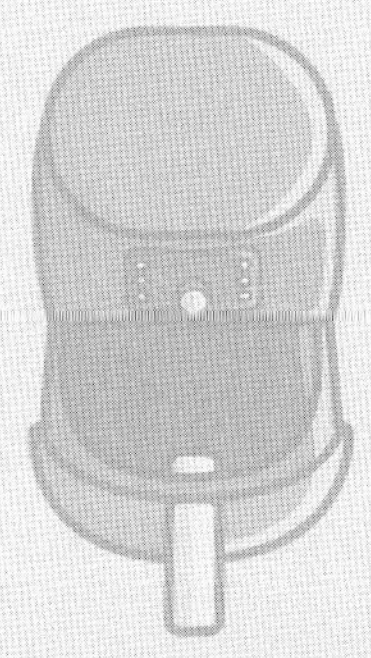

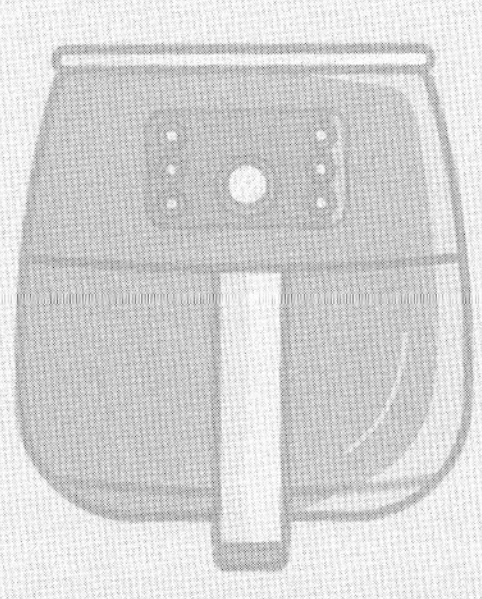

Beilagen, Fingerfood und Snacks

QUICHE-SNACK

4 Port.

25 Min.

Leicht

Zutaten

100 g Mürbeteig
50 g geriebener Käse
1 Ei
3 EL Schlagsahne
½ EL Öl

Nährwerte p. P.

242 kcal
17 g Kohlenhydrate
17 g Fett
6 g Eiweiß

1 Stechen Sie den Teig kreisförmig aus. Streichen Sie eine Pastetenform o. Ä. mit Öl ein und legen Sie den Teig darin aus.

2 Verquirlen Sie das Ei mit der Sahne und heben Sie dann den Käse unter. Geben Sie die Mischung auf den Teig.

3 Backen Sie die Quiche bei 200 °C etwa 12 Minuten lang und teilen sie danach in viele kleine Stückchen.

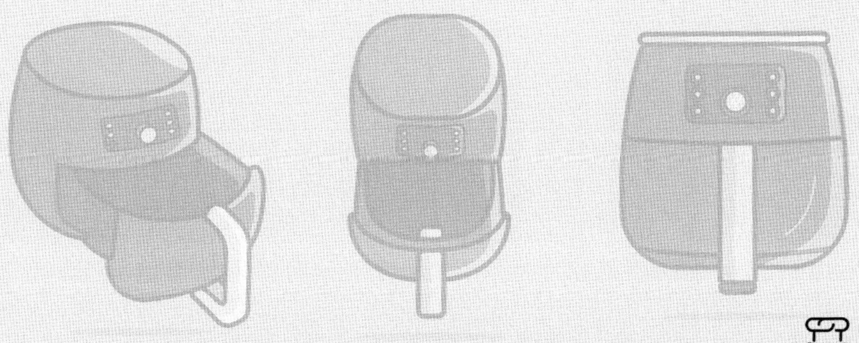

KROKETTEN

2 Port.

15 Min.

Leicht

Zutaten

200 g Kartoffelbrei
1 Ei
50 g Mehl
50 g Paniermehl

Nährwerte p. P.

359 kcal
12 g Kohlenhydrate
28 g Fett
15 g Eiweiß

1 Formen Sie den Kartoffelbrei zu kleinen Kugeln oder Rollen. Verquirlen Sie das Ei.

2 Wälzen Sie den Kartoffelbrei erst in dem Mehl, dann in dem Ei und zum Schluss in dem Paniermehl.

3 Backen Sie die Kroketten bei 200 °C etwa 10 Minuten lang.

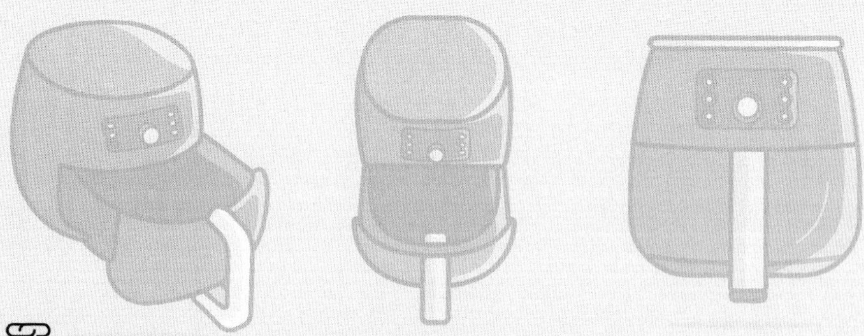

GEMÜSECHIPS

2 Port.

45 Min.

Leicht

Zutaten

1 Kartoffel
1 Rote Bete
1 Süßkartoffel
Olivenöl
Salz

Nährwerte p. P.

112 kcal
23 g Kohlenhydrate
0 g Fett
2 g Eiweiß

1 Schälen Sie das Gemüse und schneiden Sie es in möglichst dünne Scheiben.

2 Vermengen Sie das Gemüse mit Olivenöl und Salz. Lassen Sie es danach etwa 5 Minuten ziehen.

3 Rösten Sie die Gemüsechips bei 175 °C ca. 30 Minuten, bis sie kross sind.

Tipp: Anstelle der angegebenen Gemüsesorten kann selbstverständlich jedes beliebige Gemüse oder sogar Obst genommen werden.

NUDELCHIPS

   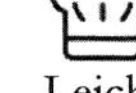

4 Port. 30 Min. Leicht

Zutaten

250 g Nudeln
2 EL Parmesan
2 EL Olivenöl

Nährwerte p. P.

376 kcal
47 g Kohlenhydrate
14 g Fett
16 g Eiweiß

1 Geben Sie die Nudeln etwa 10 Minuten lang in kochendes Wasser.

2 Verrühren Sie die Nudeln mit dem Öl und dem Parmesan.

3 Backen Sie die Nudeln bei 180 °C etwa 10 - 15 Minuten lang in der Heißluftfritteuse.

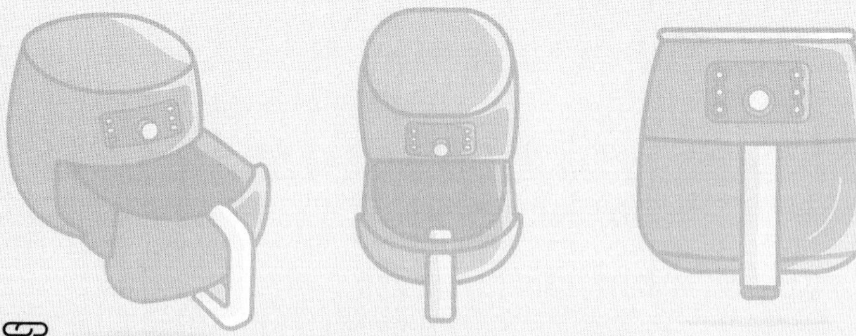

HÄHNCHENSTICKS

4 Port. 10 Min. Mittel

Zutaten

400 g Hähnchenbrust
100 g Semmelbrösel
50 g Mayonnaise
2 Eier
1 TL Salz
1 TL Knoblauchpulver
1 TL Zwiebelpulver

Nährwerte p. P.

338 kcal
20 g Kohlenhydrate
16 g Fett
28 g Eiweiß

1 Schneiden Sie die Hähnchenbrust in feine Streifen. Verquirlen Sie die Eier mit der Mayonnaise. Geben Sie die Mischung auf einen Teller.

2 Vermischen Sie auf einem weiteren Teller die Semmelbrösel mit den Gewürzen.

3 Ziehen Sie die Sticks zuerst durch die Eiermischung und wenden Sie sie dann in dem Paniermehl.

4 Garen Sie das Hähnchen bei 180 °C für ca. 12 Minuten.

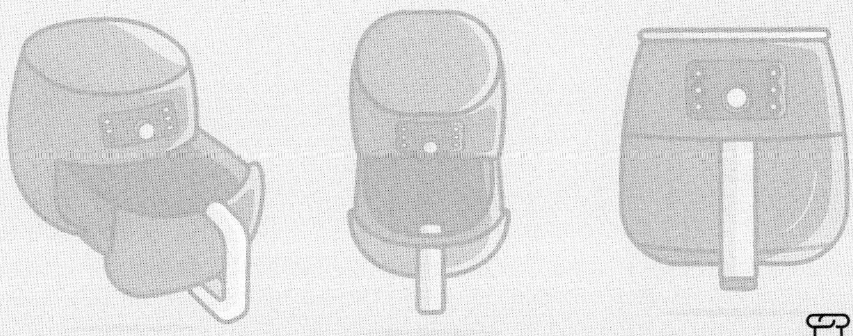

FRISCHE POMMES

4 Port.

25 Min.

Leicht

Zutaten

700 g Kartoffeln
1 EL Öl

Nährwerte p. P.

183 kcal
34 g Kohlenhydrate
3 g Fett
4 g Eiweiß

1 Schälen Sie die Kartoffeln, schneiden Sie sie in ca. 1 cm dicke Streifen. Waschen Sie die Kartoffelstreifen und trocknen Sie sie gut ab.

2 Wälzen Sie die Kartoffelstreifen in dem Öl. Geben Sie die Pommes bei 180 °C für 20 - 25 Minuten in die Heißluftfritteuse.

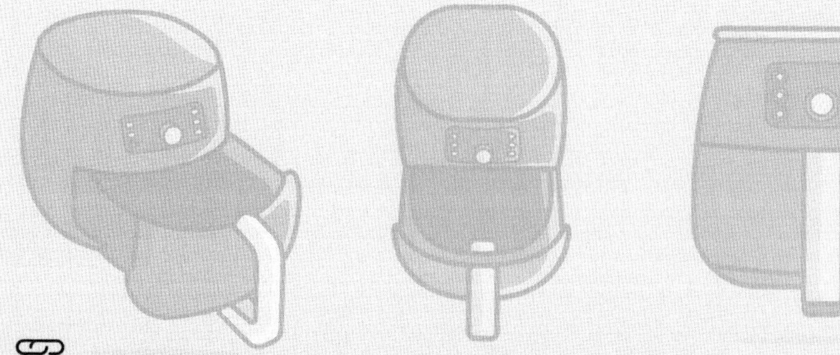

DATTELN IM SPECKMANTEL

4 Port.

15 Min.

Leicht

Zutaten

200 g entkernte Datteln
150 g Bacon

Nährwerte p. P.

292 kcal
33 g Kohlenhydrate
13 g Fett
8 g Eiweiß

1 Teilen Sie jede Scheibe Bacon in drei dünnere Scheiben. Wickeln Sie die Datteln in Bacon ein.

2 Geben Sie die Datteln bei 180 °C für etwa 10 Minuten in die Heißluftfritteuse.

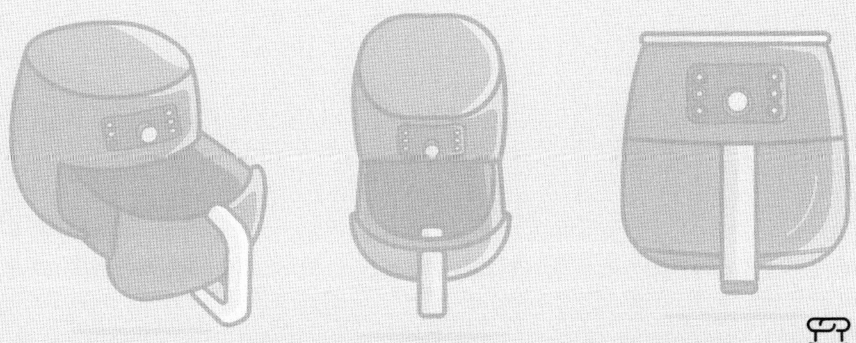

BRUSCHETTA

4 Port.

10 Min.

Leicht

Zutaten

1 Stange Baguette
2 Knoblauchzehen
3 Tomaten
2 EL Olivenöl
Salz

Nährwerte p. P.

214 kcal
16 g Kohlenhydrate
15 g Fett
3 g Eiweiß

1 Schneiden Sie das Baguette in Scheiben und backen Sie diese etwa 5 Minuten bei 150 °C.

2 Schälen Sie den Knoblauch und hacken Sie ihn möglichst fein. Zerkleinern Sie auch die Tomaten.

3 Verrühren Sie die Tomaten mit dem Knoblauch, dem Olivenöl sowie etwas Salz.

4 Geben Sie die Tomatenmischung auf die gebackenen Baguette-Scheiben.

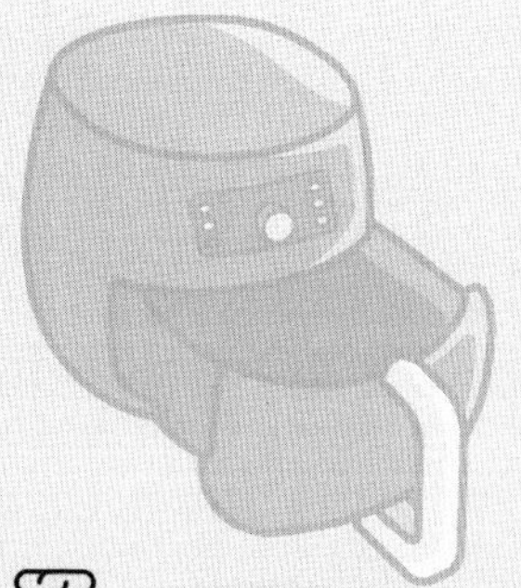

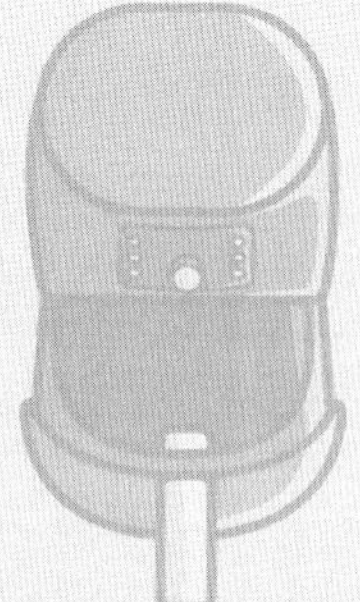

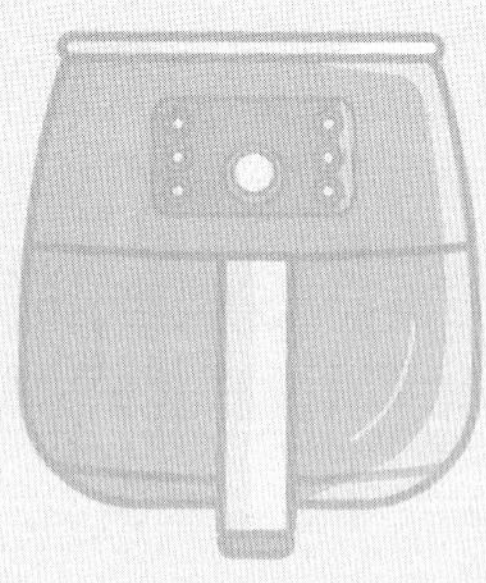

GEBACKENER ROSENKOHL

 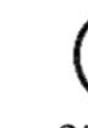  

4 Port. 25 Min. Mittel

Zutaten

450 g Rosenkohl
1 Knoblauchzehe
1 EL Öl
Je 1 TL Salz und Pfeffer

Nährwerte p. P.

144 kcal
22 g Kohlenhydrate
5 g Fett
5 g Eiweiß

1 Entfernen Sie die äußeren Blätter und die langen Enden des Rosenkohls. Halbieren Sie die Röschen der Länge nach. Beträufeln Sie den Rosenkohl und würzen Sie ihn mit Pfeffer und Salz.

2 Schälen und zerhacken Sie den Knoblauch und geben Sie ihn gemeinsam mit dem Rosenkohl in die Heißluftfritteuse.

3 Garen Sie den Rosenkohl bei 180 °C für ca. 15 Minuten.

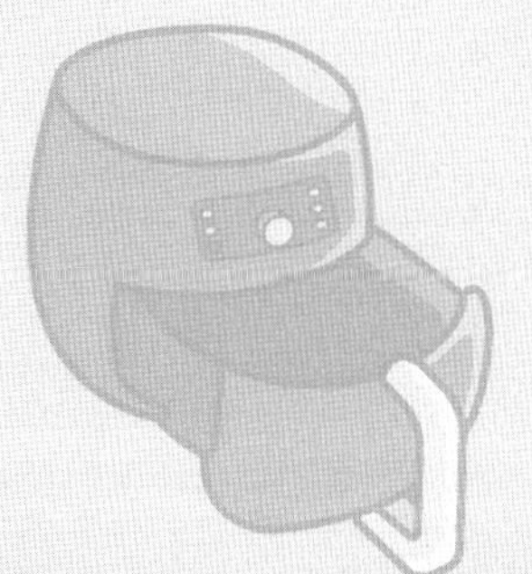 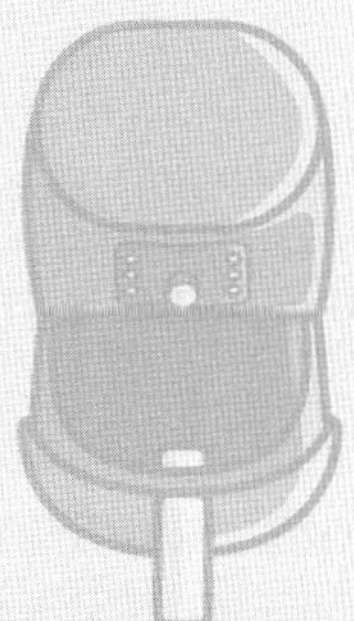 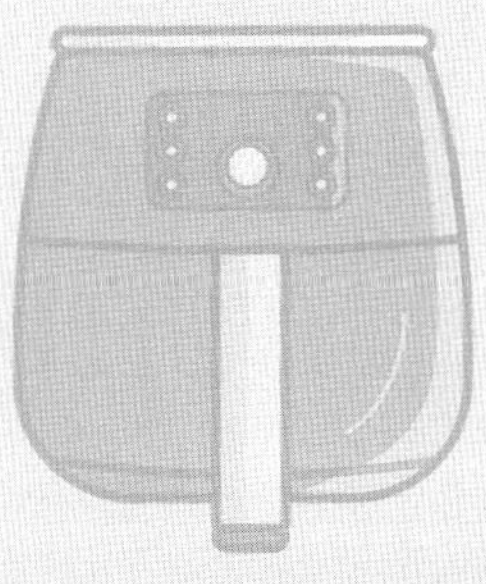

SMASHED POTATOES

4 Port.

45 Min.

Mittel

Zutaten

900 g Kartoffeln
1 EL Salz
1 EL Öl
Knoblauchpulver

Nährwerte p. P.

269 kcal
45 g Kohlenhydrate
7 g Fett
6 g Eiweiß

1 Kochen Sie die Kartoffeln in einem Topf mit ausreichend Wasser für etwa 20 Minuten, bis sie gar sind.

2 Die Kartoffeln mit einem Glas zerdrücken und mit Öl, Salz und Knoblauchpulver bestreuen.

3 Die Smashed Potatoes für 15 Minuten bei 190 °C in die Heißluftfritteuse geben.

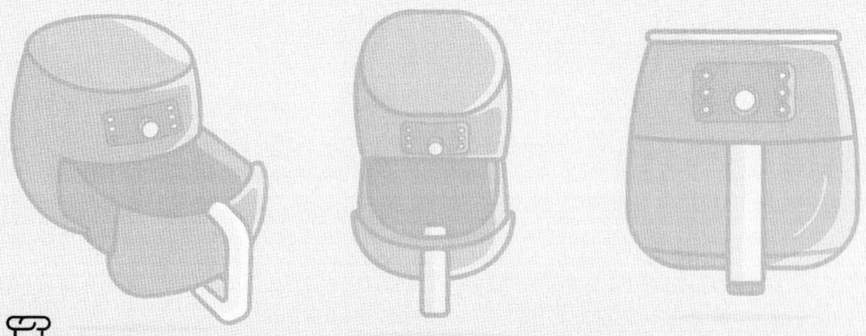

MOZZARELLA-BÄLLCHEN

2 Port.

20 Min.

Leicht

Zutaten

125 g Mozzarella-Kugeln (klein)
30 g Mehl
30 ml Milch
1 Ei
Paniermehl

Nährwerte p. P.

254 kcal
12 g Kohlenhydrate
16 g Fett
15 g Eiweiß

1 Geben Sie das Mehl, das Paniermehl und das Ei jeweils auf einen Teller. Verquirlen Sie das Ei mit der Milch.

2 Wenden Sie die Mozzarella-Kugeln nacheinander erst in dem Mehl, dann in der Ei-Milch-Mischung und zum Schluss in dem Paniermehl.

3 Wiederholen Sie Schritt 3 so oft, bis eine dicke Panade entstanden ist.

4 Backen Sie die Mozzarella-Kugeln bei 160 °C etwa 10 Minuten lang.

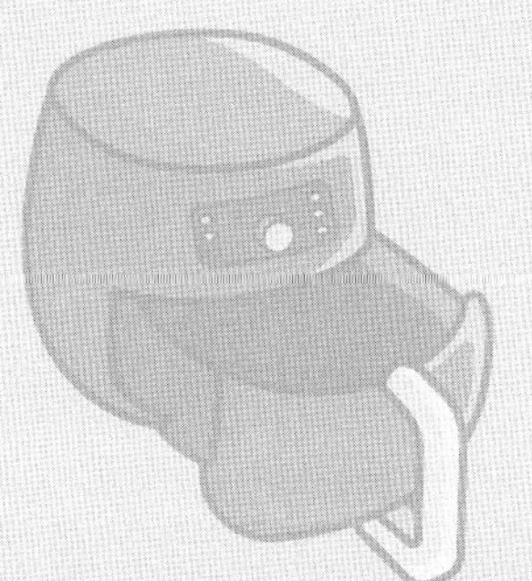

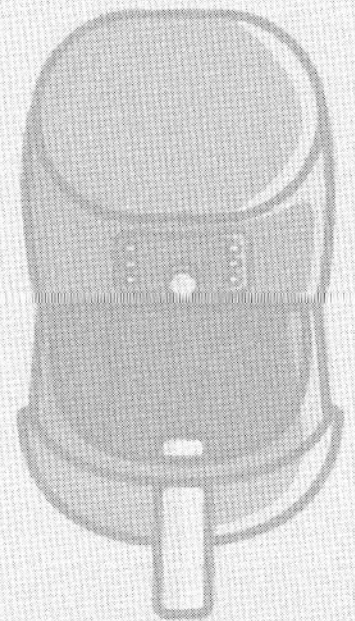

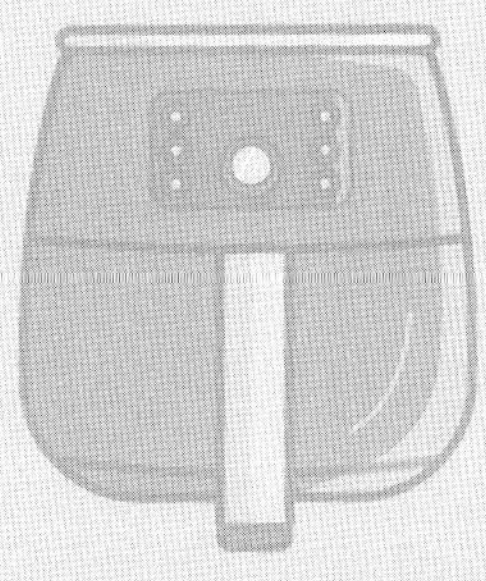

RÖSTZWIEBELN

4 Port.

45 Min.

Leicht

Zutaten

2 Zwiebeln
2 TL Paprikapulver
30 g Dinkelmehl
2 EL Öl

Nährwerte p. P.

399 kcal
48 g Kohlenhydrate
14 g Fett
16 g Eiweiß

1 Schälen Sie die Zwiebel und schneiden Sie sie in Streifen.

2 Vermengen Sie das Mehl mit dem Paprikapulver und dem Öl und geben Sie die Mischung über die Zwiebeln.

3 Frittieren Sie die Zwiebeln bei 120 °C etwa 30 - 40 Minuten.

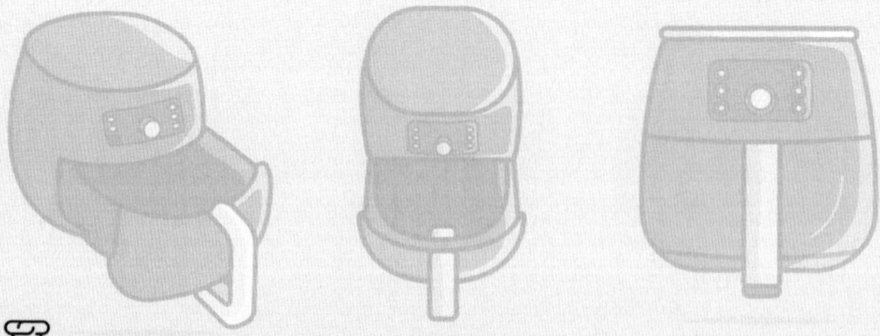

PIMIENTOS DE PADRON

2 Port.

10 Min.

Leicht

Zutaten

200 g Snackpaprika
1 TL Öl
Salz

Nährwerte p. P.

47 kcal
6 g Kohlenhydrate
1 g Fett
1 g Eiweiß

1 Waschen Sie die Paprika und entfernen Sie den Stiel sowie die Kerne.

2 Reiben Sie die Paprika mit Öl ein und salzen Sie sie.

3 Garen Sie die Paprika etwa 5 Minuten lang bei 180 °C.

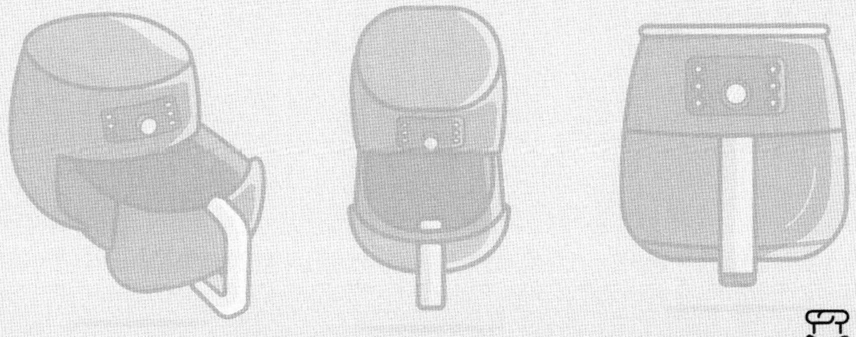

GEBACKENER BABYBEL

5 Port.

10 Min.

Leicht

Zutaten

10 Babybel
50 g Cornflakes
1 Ei

Nährwerte p. P.

57 kcal
8 g Kohlenhydrate
2 g Fett
2 g Eiweiß

1 Zerbröseln Sie die Cornflakes. Packen Sie den Babybel aus und wälzen Sie ihn erst in dem verquirlten Ei und dann in den Cornflakes.

2 Backen Sie den Babybel bei 170 °C für etwa 5 Minuten.

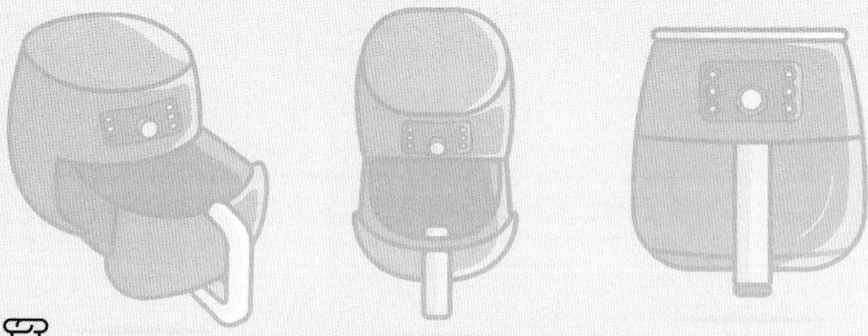

KAROTTEN-POMMES

4 Port.

35 Min.

Leicht

Zutaten

700 g Karotten
20 ml Öl
1 TL Salz
2 TL Speisestärke
Paprikapulver
Knoblauchpulver

Nährwerte p. P.

111 kcal
12 g Kohlenhydrate
5 g Fett
1 g Eiweiß

1 Schälen Sie die Karotten und schneiden Sie sie in etwa 1 cm dicke Streifen.

2 Vermischen Sie die Karotten-Pommes mit dem Öl und den Gewürzen.

3 Backen Sie die Pommes bei 190 °C ca. 30 Minuten.

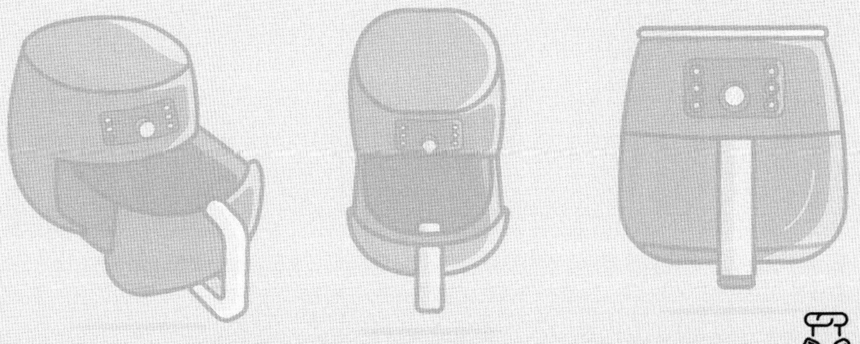

BRATKARTOFFELN

 4 Port.

 35 Min.

 Leicht

Zutaten

800 g Kartoffeln
1 EL Öl
Salz, Pfeffer
Paprikapulver

Nährwerte p. P.

160 kcal
30 g Kohlenhydrate
3 g Fett
4 g Eiweiß

1 Schälen Sie die Kartoffeln und schneiden Sie sie in Scheiben. Vermischen Sie die Scheiben mit Öl und den Gewürzen.

2 Backen Sie die Kartoffeln ca. 30 Minuten lang bei 180 °C.

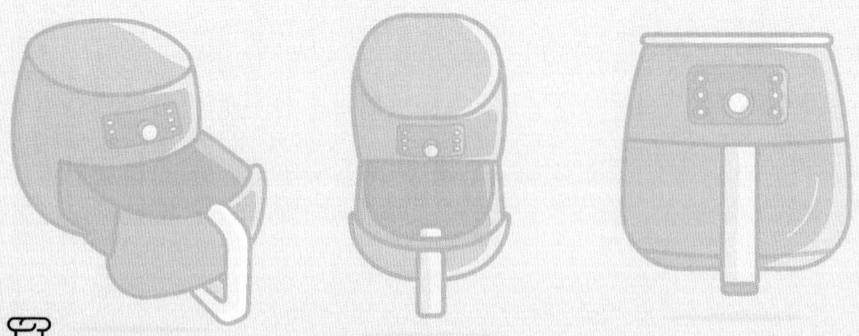

GERÖSTETE KICHERERBSEN

4 Port.

15 Min.

Leicht

Zutaten

400 g Kichererbsen
1 EL Paprikapulver
2 EL Olivenöl
1 TL Knoblauchpulver
1 Pr Salz

Nährwerte p. P.

177 kcal
15 g Kohlenhydrate
10 g Fett
5 g Eiweiß

1 Spülen Sie die Kichererbsen mit Wasser ab und lassen Sie sie abtropfen. Verrühren Sie das Olivenöl mit den Gewürzen.

2 Geben Sie die Kichererbsen bei 180 °C für etwa 15 Minuten in die Heißluftfritteuse.

3 Wenden Sie die fertigen Kichererbsen in der Öl-Gewürz-Mischung.

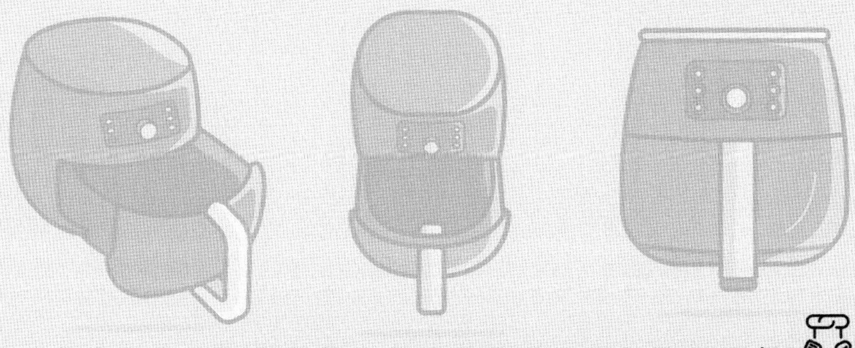

ZWIEBELRINGE

4 Port.

40 Min.

Leicht

Zutaten

2 Zwiebeln
60 g Kichererbsenmehl
80 ml Wasser
60 g Hafermehl
2 EL Maisstärke
Räucherpaprika
Salz

Nährwerte p. P.

111 kcal
12 g Kohlenhydrate
5 g Fett
1 g Eiweiß

1 Schälen Sie die Zwiebeln und schneiden Sie sie in Ringe. Verrühren Sie das Hafermehl mit etwas Räucherpaprika und Salz.

2 Vermengen Sie das Kichererbsenmehl mit der Maisstärke, dem Wasser und ebenfalls etwas Paprika und Salz.

3 Geben Sie die Zwiebelringe nacheinander erst in den Teig und dann in die Panade.

4 Backen Sie die Zwiebelringe bei 200 °C für ca. 10 Minuten.

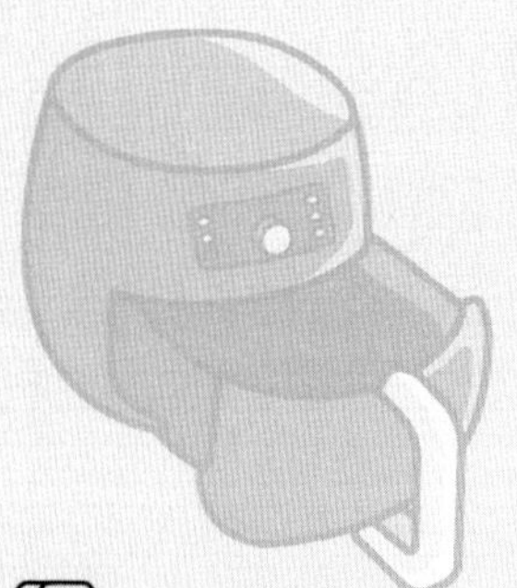

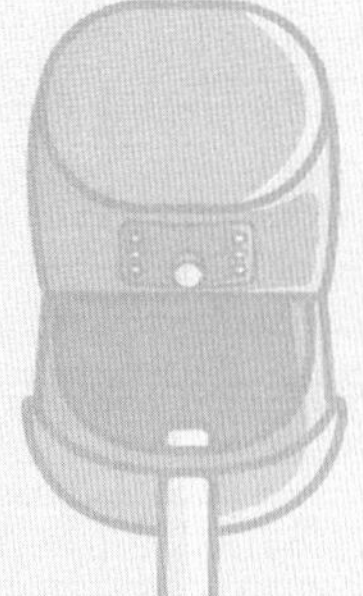

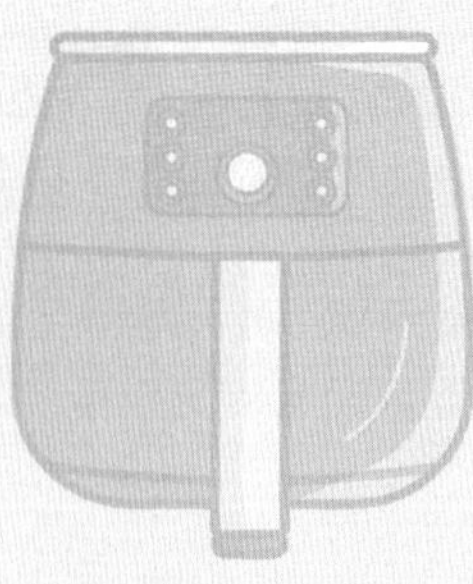

TAPA

2 Port.

15 Min.

Leicht

Zutaten

4 Scheiben Brot
4 Tomaten
1 Handvoll Petersilie
1 Knoblauchzehe
Salz, Pfeffer

Nährwerte p. P.

264 kcal
51 g Kohlenhydrate
1 g Fett
8 g Eiweiß

1 Schälen Sie den Knoblauch und pürieren Sie ihn zusammen mit den Tomaten.

2 Legen Sie das Brot bei 180 °C für etwa 5 Minuten in die Heißluftfritteuse.

3 Rühren Sie die Petersilie unter das Tomatenpüree und schmecken Sie es mit Pfeffer und Salz ab.

4 Bestreichen Sie die Brote mit dem Püree.

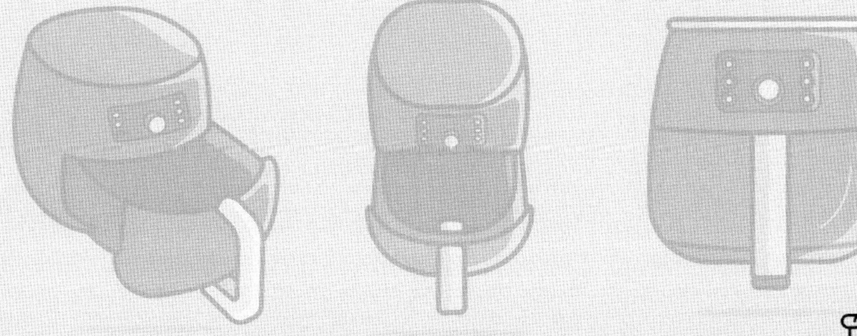

FOLIENKARTOFFEL

4 Port.

1 Std 5 Min.

Leicht

Zutaten

4 Kartoffeln
3 EL Olivenöl
4 Zweige Petersilie
3 Knoblauchzehen
1 TL Salz

Nährwerte p. P.

174 kcal
34 g Kohlenhydrate
2 g Fett
4 g Eiweiß

1 Waschen Sie die Kartoffeln und stechen Sie sie mit einer Gabel ein. Schälen Sie den Knoblauch und zerhacken Sie ihn gemeinsam mit der Petersilie.

2 Verrühren Sie die Petersilie und den Knoblauch mit dem Olivenöl und geben Sie das Salz dazu.

3 Bestreichen Sie die Kartoffeln mit dem Öl und wickeln Sie sie in Alufolie ein.

4 Backen Sie die Kartoffeln bei 170 °C für etwa 45 Minuten.

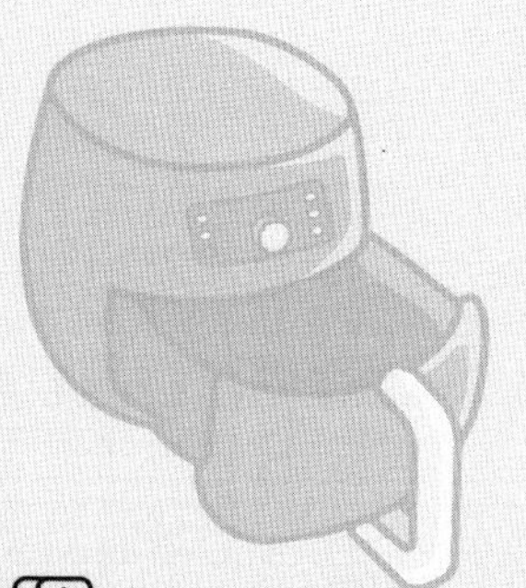
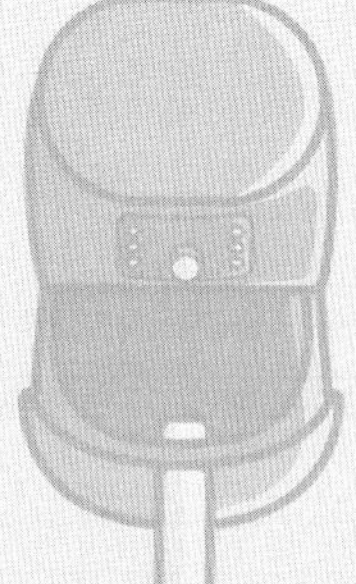
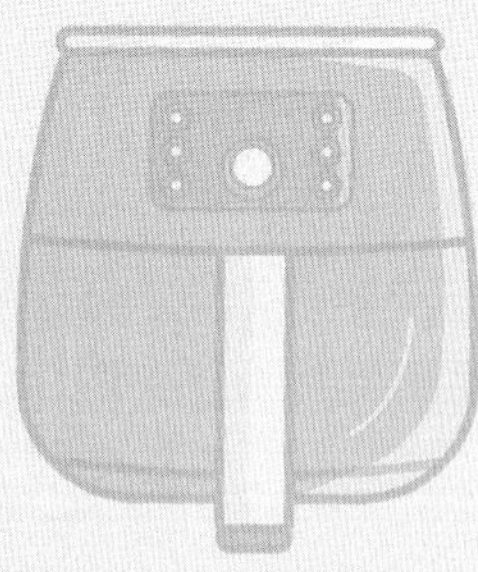

GEBACKENE SÜẞKARTOFFELN

4 Port.

35 Min.

Leicht

Zutaten

800 g Süßkartoffeln
2 TL Sonnenblumenöl
1 Zweig Rosmarin
Salz

Nährwerte p. P.

174 kcal
34 g Kohlenhydrate
2 g Fett
4 g Eiweiß

1 Schälen Sie die Kartoffeln und schneiden Sie sie in Scheiben.

2 Zerhacken Sie den Rosmarin und geben Sie ihn gemeinsam mit dem Öl sowie etwas Salz zu den Kartoffeln. Mischen Sie alles gut durch.

3 Backen Sie die Kartoffeln ca. 20 Minuten bei 200 °C in der Heißluftfritteuse.

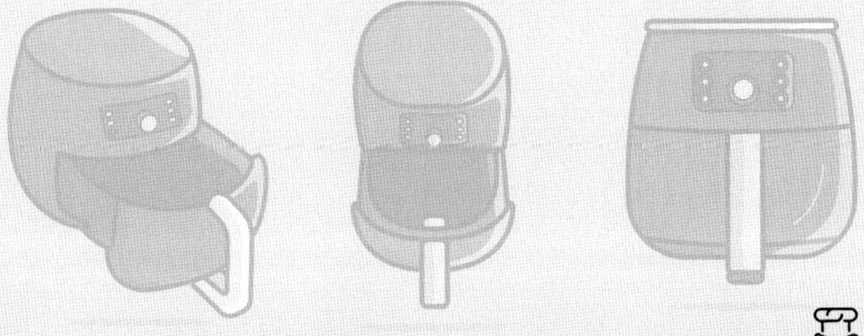

GRILLED-CHEESE-SANDWICH

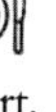

1 Port. 15 Min. Leicht

Zutaten

2 Scheiben Toastbrot
1 Scheibe Gouda
1 Scheibe Emmentaler
4 EL Butter

Nährwerte p. P.

388 kcal
10 g Kohlenhydrate
32 g Fett
16 g Eiweiß

1 Belegen Sie eine Toastscheibe mit dem Käse und klappen Sie es mit der unbelegten Scheibe zu. Bestreichen Sie die Außenseiten des Toasts mit Butter.

2 Backen Sie das Sandwich bei 190 °C für etwa 10 Minuten. Wenden Sie es nach der Hälfte der Backzeit.

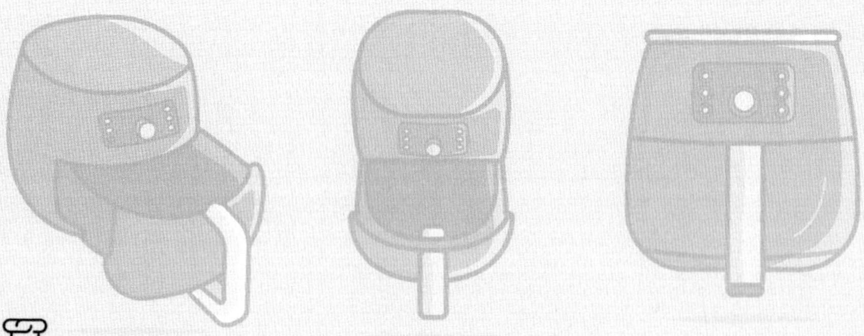

GETROCKNETE TOMATEN

 4 Port.  4 Std.  Leicht

Zutaten

400 g Cherrytomaten

Nährwerte p. P.

10 kcal
3 g Kohlenhydrate
0 g Fett
1 g Eiweiß

1 Geben Sie die Tomaten in die Heißluftfritteuse und trocknen Sie sie bei 80 °C etwa 4 Stunden lang.

2 Einige Fritteusen schalten sich nach 60 Minuten automatisch aus. In diesem Fall einfach kurz warten und die Heißluftfritteuse erneut einschalten.

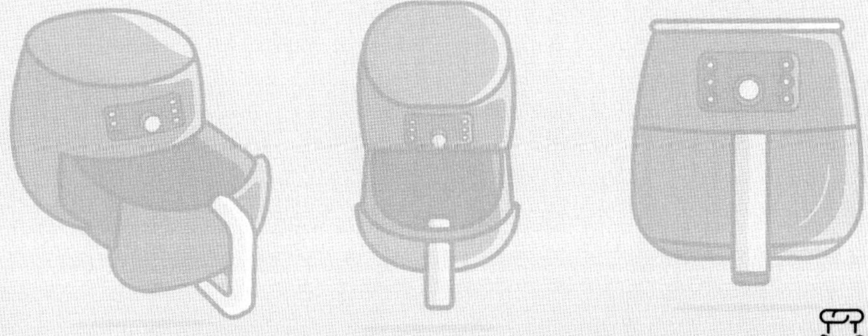

Süßspeisen und Desserts

SCHWARZWÄLDER-KIRSCH-CUPCAKES

8 Port. 40 Min. Leicht

Zutaten

160 g Weizenmehl
115 g Zucker
180 ml Milch
1 EL Vanillezucker
½ Pck. Backpulver
3 EL Rapsöl
35 g Kakaopulver
40 Sauerkirschen
1 Pck. Schlagsahne
1 Pck. Sahnesteif

Nährwerte p. P.

289 kcal
35 g Kohlenhydrate
14 g Fett
5 g Eiweiß

1 Verrühren Sie das Mehl mit dem Zucker, der Milch, dem Öl, dem Backpulver, dem Vanillezucker und dem Kakaopulver zu einem Teig.

2 Heben Sie die Kirschen unter.

3 Teilen Sie den Teig auf Muffinförmchen auf und backen Sie die Cupcakes bei 180 °C etwa 25 Minuten lang.

4 Schlagen Sie die Sahne mithilfe des Sahnesteifs auf und verteilen Sie sie auf den abgekühlten Cupcakes.

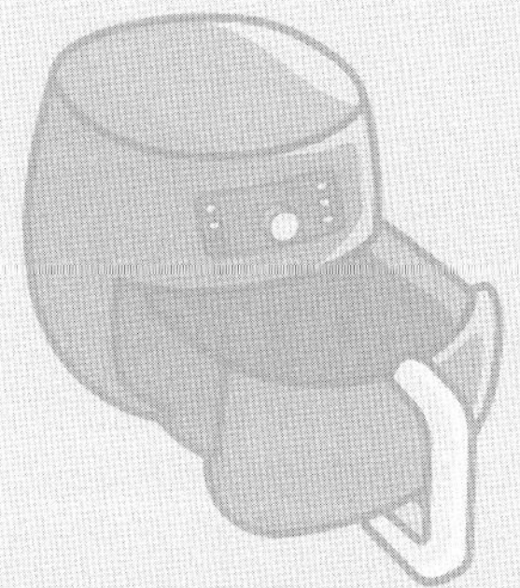 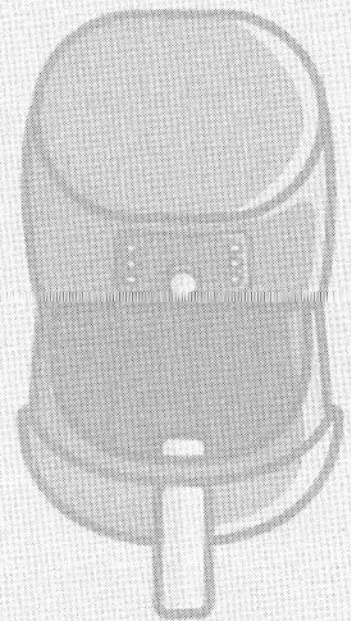 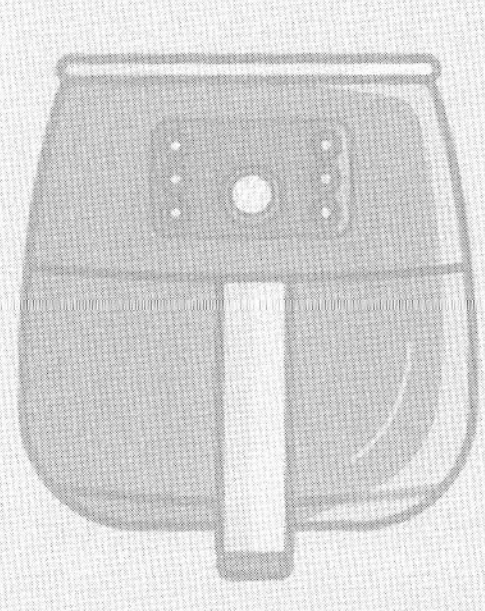

AMARETTI-MUFFINS

6 Port. 15 Min. Leicht

Zutaten

70 g Mehl
20 g Amaretti
30 ml Öl
30 g Zucker
1 Ei
1 TL Backpulver

Nährwerte p. P.

145 kcal
18 g Kohlenhydrate
6 g Fett
3 g Eiweiß

1 Zerkleinern Sie die Amaretti. Verrühren Sie alle Zutaten miteinander.

2 Geben Sie den Teig in Muffinformen und backen Sie ihn bei 180 °C etwa 10 Minuten lang.

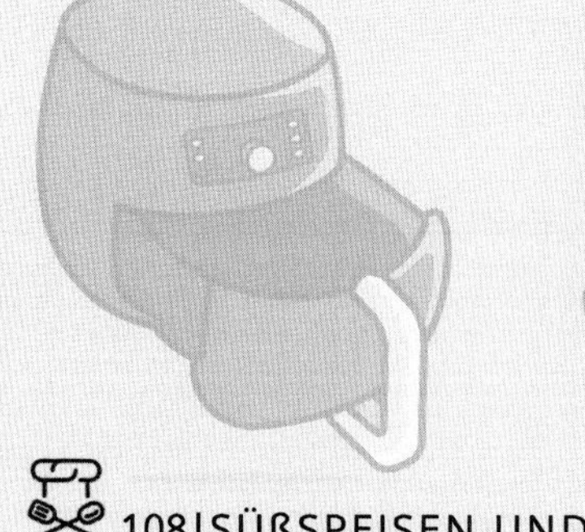

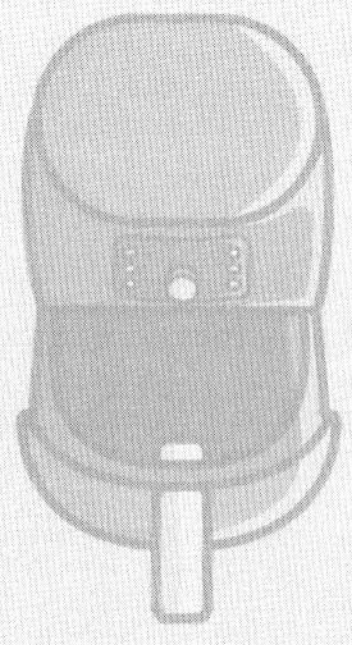

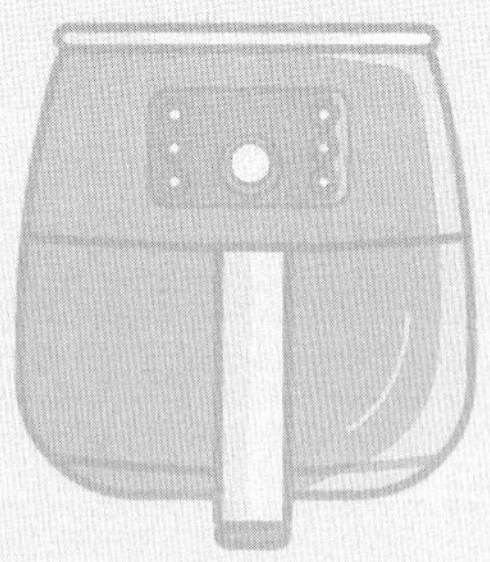

QUINOA-DINKEL-PFANNKUCHEN

4 Port.

40 Min.

Leicht

Zutaten

225 g Dinkelmehl
300 ml Milch
300 ml Wasser
150 g Quinoa
50 g Zucker
50 g Pinienkerne
2 Eier
2 EL Backpulver

Nährwerte p. P.

555 kcal
81 g Kohlenhydrate
15 g Fett
21 g Eiweiß

1 Spülen Sie die Quinoa so lange ab, bis sich das Wasser nicht mehr verfärbt.

2 Kochen Sie das Wasser auf und garen Sie die Quinoa darin. Das wird etwa 15 Minuten dauern. Gießen Sie das Wasser anschließend ab und lassen Sie die Quinoa kalt werden.

3 Verrühren Sie alle Zutaten zu einem Teig. Geben Sie den Teig portionsweise in die Heißluftfritteuse und backen Sie die Pfannkuchen bei 160 °C etwa 5 Minuten lang.

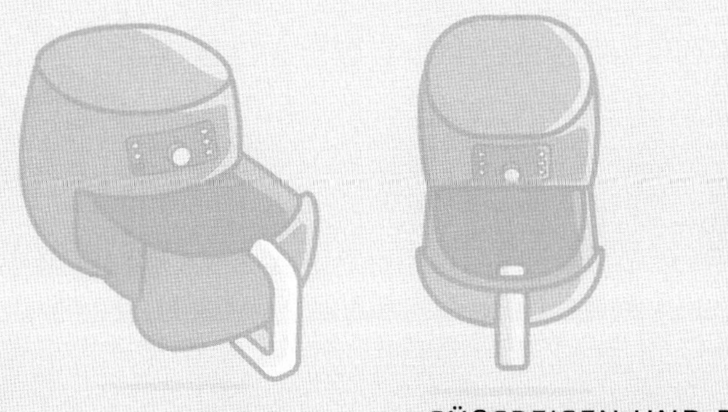

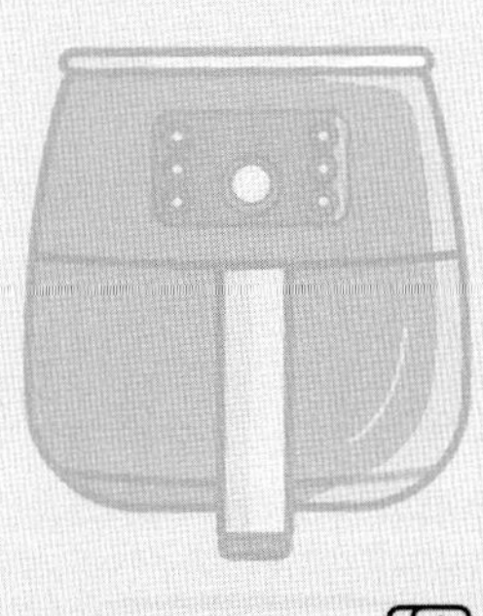

ZIMTSCHNECKEN

4 Port.

1 Std. 20 Min.

Mittel

Zutaten

500 g Mehl
200 ml Milch
100 g Butter
75 g Zucker
1 Ei
1 Würfel Hefe
1 Pr Salz
25 g Zimt

Nährwerte p. P.

775 kcal
120 g Kohlenhydrate
26 g Fett
12 g Eiweiß

1 Erhitzen Sie die Butter zusammen mit der Milch in einem Topf. Geben Sie die Hefe, 50 g Zucker und das Salz dazu.

2 Verkneten Sie die in Schritt 1 zubereitete Mischung mit dem Ei sowie dem Mehl. Geben Sie den dabei entstandenen Teig in ein Gefäß, decken Sie ihn ab und lassen Sie ihn für 60 Minuten ruhen.

3 Verrühren Sie den restlichen Zucker mit dem Zimt. Rollen Sie den Teig aus und breiten Sie die Zucker-Zimt-Mischung darauf aus. Rollen Sie den Teig auf und schneiden Sie ihn in Scheiben.

4 Legen Sie den Rost der Heißluftfritteuse mit Backpapier aus und backen Sie die Zimtschnecken bei 180 °C für ca. 15 Minuten. Nach der Hälfte der Zeit die Zimtschnecken wenden.

MANDARINEN-KÄSEKUCHEN

8 Port.

45 Min.

Leicht

Zutaten

500 g Magerquark
200 g Mandarinen aus der Dose
70 g Zucker
40 g Butter
2 Eier
1 Pck. Vanillezucker

Nährwerte p. P.

143 kcal
14 g Kohlenhydrate
6 g Fett
9 g Eiweiß

1 Geben Sie alle Zutaten, abgesehen von den Mandarinen, nach und nach in eine Rührschüssel und vermengen Sie alles miteinander. Heben Sie die Mandarinen vorsichtig unter.

2 Geben Sie den Kuchenteig in eine Form, die in die Heißluftfritteuse passt und für diese geeignet ist.

3 Backen Sie den Kuchen bei 150 °C für etwa 40 Minuten.

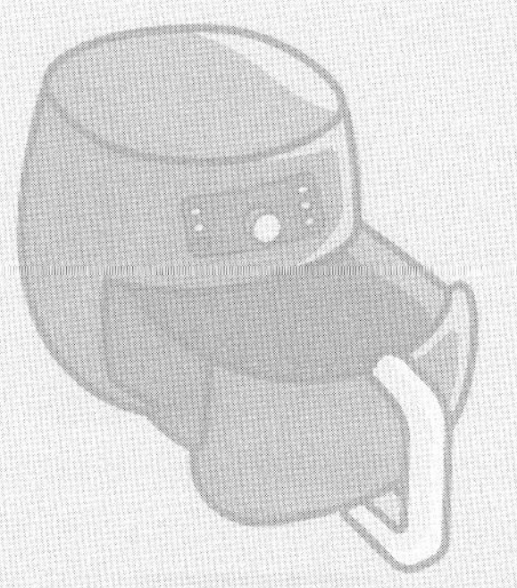

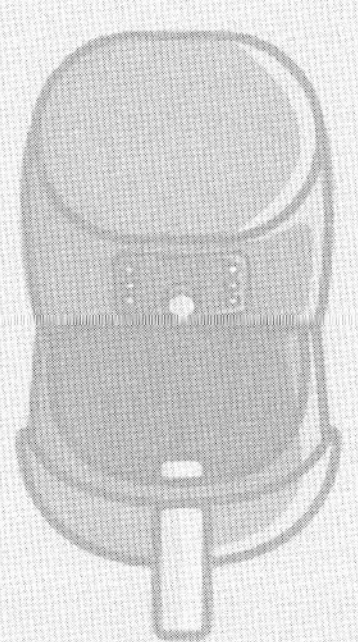

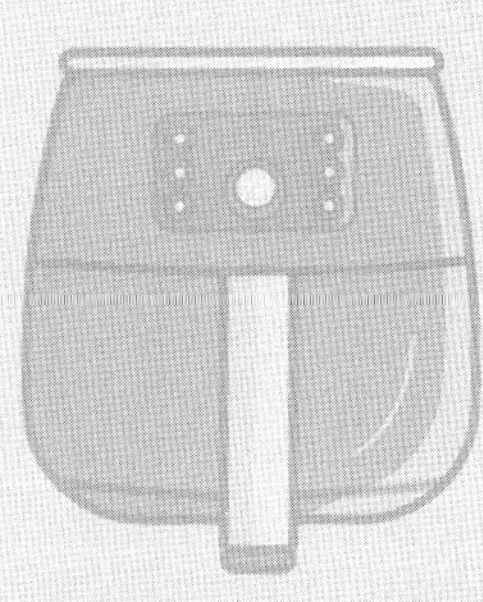

BRATÄPFEL

4 Port. 45 Min. Leicht

Zutaten

4 Äpfel
100 g Marzipanrohmasse
50 g gehackte Mandeln
50 g Butter
50 g Rosinen
2 EL Honig
1 TL Zimt

Nährwerte p. P.

143 kcal
14 g Kohlenhydrate
6 g Fett
9 g Eiweiß

1 Waschen Sie die Äpfel und höhlen Sie sie großzügig aus, damit möglichst viel Füllung reinpasst.

2 Verkneten Sie die Mandeln mit dem Zimt, den Rosinen sowie der Marzipanmasse.

3 Geben Sie die Füllung vorsichtig in die Äpfel. Backen Sie die Äpfel bei 180 °C für ca. 10 Minuten.

4 Erhitzen Sie den Honig gemeinsam mit der Butter in der Mikrowelle und geben Sie diese "Soße" auf die Äpfel. Danach backen Sie sie für weitere 3 Minuten.

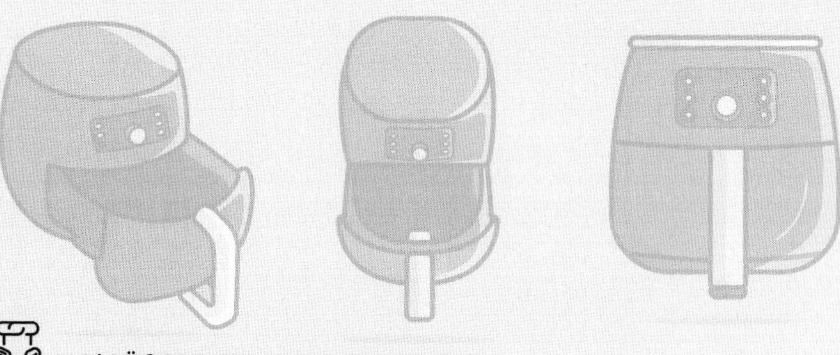

GEBRANNTE MANDELN

4 Port. 20 Min. Leicht

Zutaten

300 g Mandeln
150 g Zucker
2 EL Öl

Nährwerte p. P.

633 kcal
43 g Kohlenhydrate
42 g Fett
16 g Eiweiß

1 Geben Sie zuerst die Mandeln, dann den Zucker und das Öl in die Heißluftfritteuse.

2 Backen Sie alles zusammen bei 160 °C für ca. 20 Minuten.

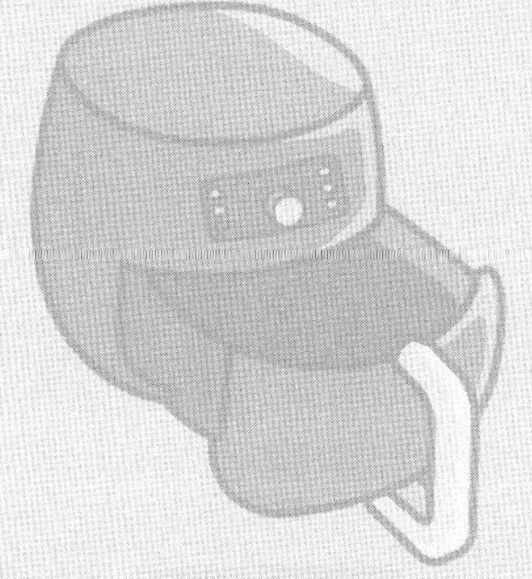
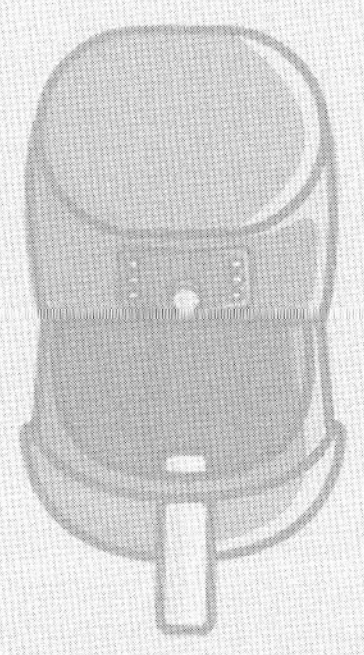
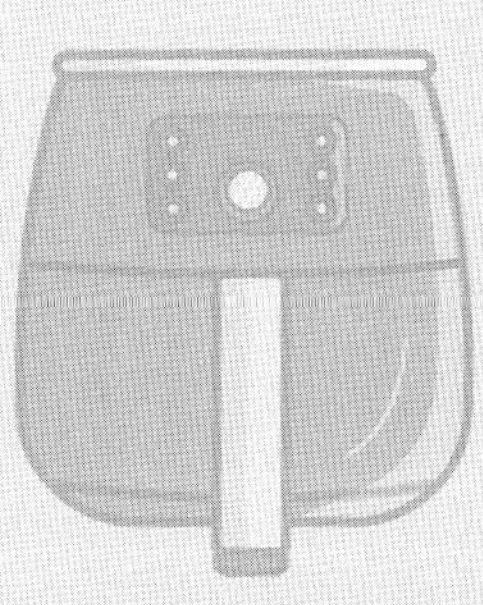

BLAUBEER-MUFFINS

4 Port. 25 Min. Leicht

Zutaten

200 g Weizenmehl
200 g getrocknete Blaubeeren
2 TL Backpulver
3 Eier
100 g Honig
40 ml Kokosöl
1 TL Zimt
1 TL Vanilleextrakt

Nährwerte p. P.

180 kcal
29 g Kohlenhydrate
6 g Fett
5 Eiweiß

1 Vermischen Sie das Mehl mit dem Backpulver.

2 Geben Sie alle Zutaten, bis auf die Blaubeeren, dazu und vermengen Sie alles gut miteinander. Heben Sie langsam die Blaubeeren unter.

3 Füllen Sie den Teig in Muffinförmchen und backen Sie die Muffins bei 180 °C für ca. 20 Minuten.

SCHOKO-KEKSE

10 Port.

15 Min.

Leicht

Zutaten

350 g Mehl
200 g Butter
150 g Zucker
50 g Vanillezucker
35 g Kakaopulver
1 Ei

Nährwerte p. P.

184 kcal
23 g Kohlenhydrate
9 g Fett
2 g Eiweiß

1 Schlagen Sie die Butter auf und vermischen Sie sie mit den restlichen Zutaten. Verkneten Sie alles zu einem glatten Teig.

2 Rollen Sie den glatten Teig aus und stechen Sie die Kekse aus. Alternativ können Sie den Teig auch zu einer Rolle formen und einfach Scheiben abschneiden.

3 Backen Sie die Kekse im Airfryer bei 160 °C für etwa 12 Minuten.

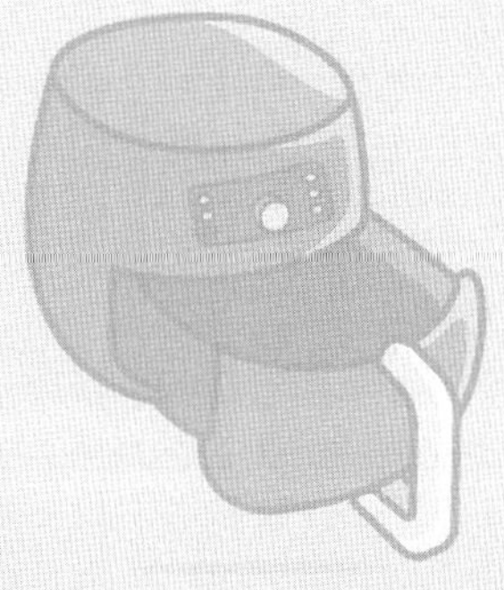

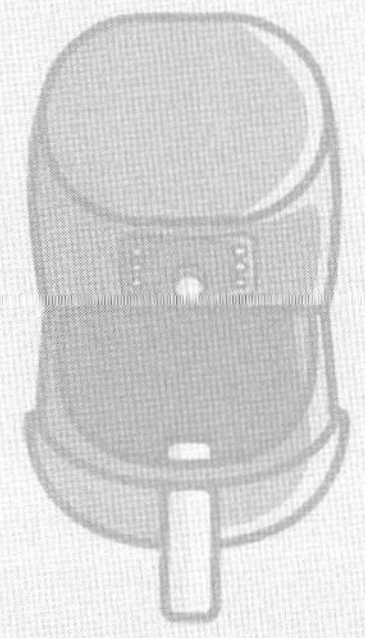

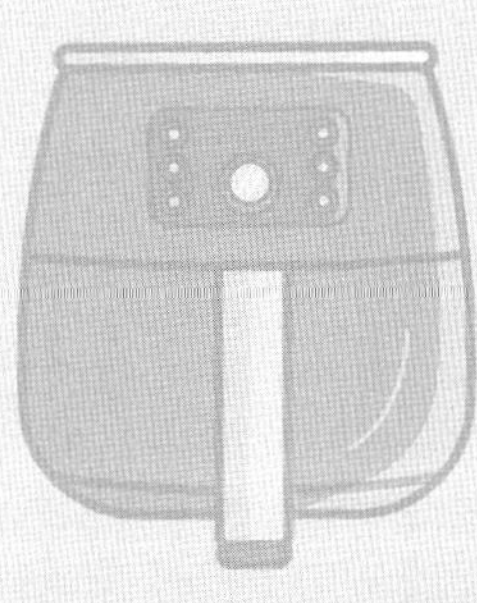

GEBACKENE BANANEN

4 Port.

20 Min.

Leicht

Zutaten

4 Bananen
2 TL Zimt
200 ml Orangensaft
1 Stück Ingwer

Nährwerte p. P.

104 kcal
23 g Kohlenhydrate
0 g Fett
1 g Eiweiß

1 Schälen und zerhacken Sie den Ingwer. Geben Sie den Orangensaft gemeinsam mit dem Ingwer in eine Pfanne und erhitzen Sie beides.

2 Schälen Sie die Bananen und lassen Sie sie auf mittlerer Stufe ca. 10 Minuten in dem Orangensaft ziehen. Dabei immer mal wieder wenden.

3 Lassen Sie den Orangensaft einköcheln, nachdem Sie die Bananen herausgenommen haben.

4 Geben Sie die Bananen gemeinsam mit dem eingekochten Orangensaft und dem Zimt in die Heißluftfritteuse und backen Sie sie bei 180 °C für etwa 10 Minuten.

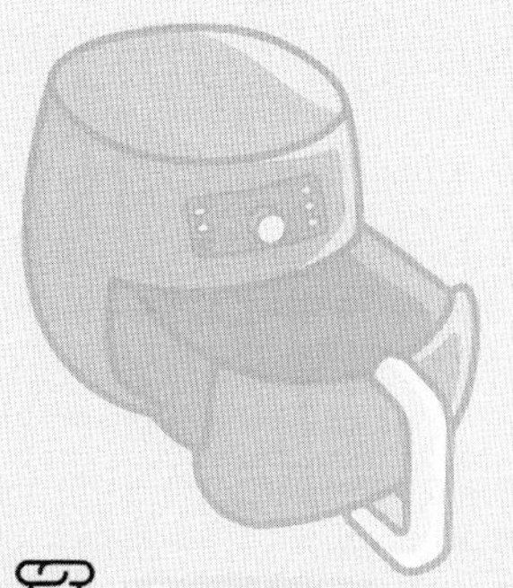

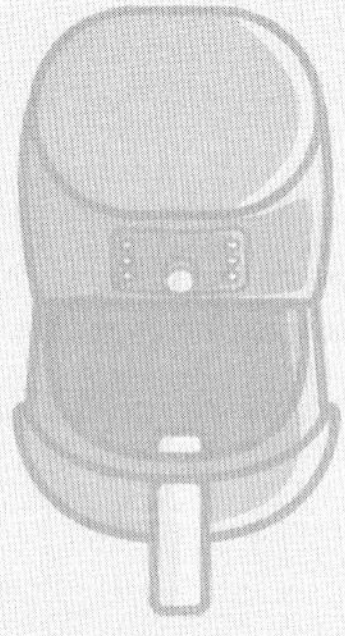

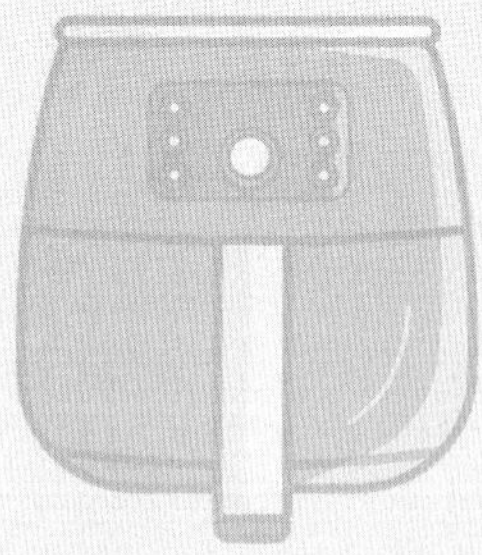

APPLE CRUMBLE

4 Port. 35 Min. Leicht

Zutaten

4 Äpfel
120 g Mehl
65 g kernige Haferflocken
100 g Butter
50 g brauner Zucker
1 Pck. Vanillezucker
2 TL Zimt

Nährwerte p. P.

605 kcal
84 g Kohlenhydrate
25 g Fett
9 g Eiweiß

1 Entkernen Sie die Äpfel und schneiden Sie sie in Würfel. Vermischen Sie die Äpfel mit 5 g braunem Zucker, 1 TL Zimt sowie dem Vanillezucker.

2 Verkneten Sie die restlichen Zutaten zu Streuseln.

3 Geben Sie die Äpfel gemeinsam mit den Streuseln in eine Auflaufform und backen Sie sie bei 180 °C etwa 20 Minuten lang.

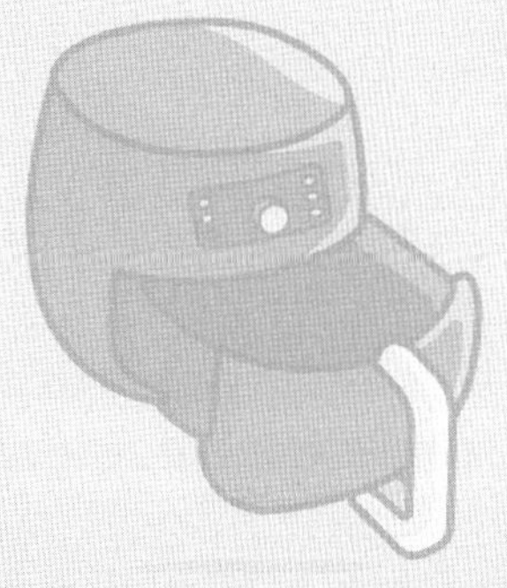
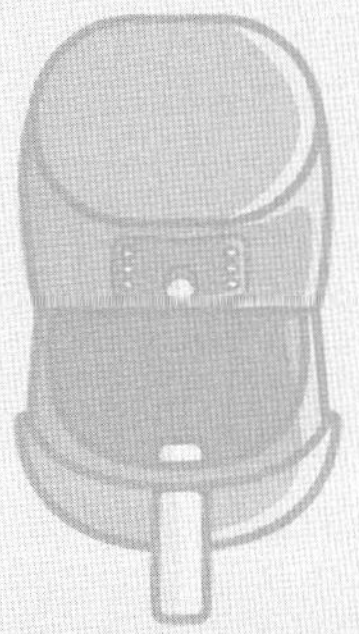
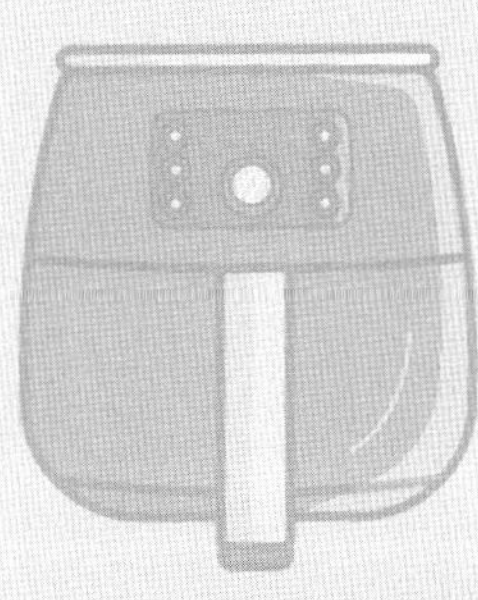

ZUCCHINIKUCHEN

4 Port.

1 Std.

Leicht

Zutaten

300 g Zucchini
350 g Puderzucker
220 g Butter
130 g Mehl
5 Eier
80 g gemahlene Walnüsse
30 g Speisestärke
1 TL Vanillezucker
1 Zitrone

Nährwerte p. P.

752 kcal
82 g Kohlenhydrate
42 g Fett
9 g Eiweiß

1 Waschen Sie die Zucchini und zerreiben Sie sie. Reiben Sie die Zitronenschale ab und pressen Sie den Saft aus.

2 Trennen Sie die Eier. Verrühren Sie das Eigelb mit der Butter, 150 g Puderzucker, dem Vanillezucker, der Zucchini und dem Zitronenabrieb. Schlagen Sie das Eiweiß zusammen mit dem Salz steif.

3 Vermischen Sie das Mehl mit der Stärke und den Walnüssen und rühren Sie die Masse unter die Zucchinimischung. Heben Sie dann auch den Eischnee unter.

4 Geben Sie den Teig in eine für die Heißluftfritteuse geeignete Backform und backen Sie den Kuchen bei 160 °C etwa 45 Minuten lang.

5 Verrühren Sie den restlichen Puderzucker nach und nach mit dem Zitronensaft, bis eine zähflüssige Mischung entsteht. Geben Sie diese über den fertigen Kuchen.

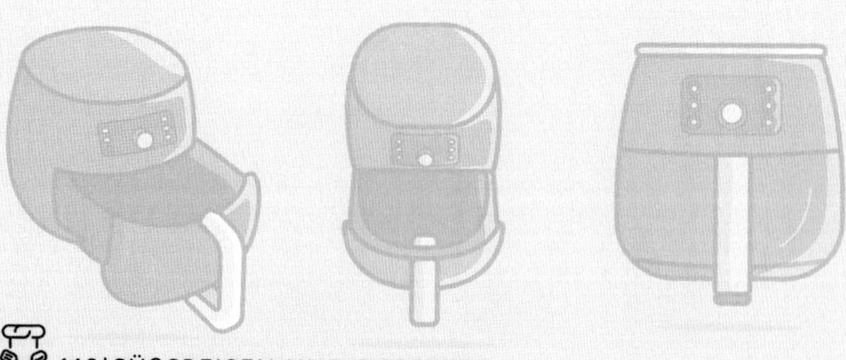

VEGANE INGWER-BLAUBEER-SCONES

4 Port.

15 Min.

Leicht

Zutaten

240 g Mehl
85 g vegane Butter
50 g Zucker
120 ml vegane Sahne
2 TL Backpulver
½ Banane
2 TL Vanilleextrakt
100 g Blaubeeren
2 TL geriebener Ingwer

Nährwerte p. P.

542 kcal
65 g Kohlenhydrate
28 g Fett
5 g Eiweiß

1 Verrühren Sie alle Zutaten miteinander. Formen Sie den Teig zu einer Kugel und schneiden Sie ihn in acht Stücke.

2 Backen Sie die Scones bei 180 °C etwa 12 Minuten lang.

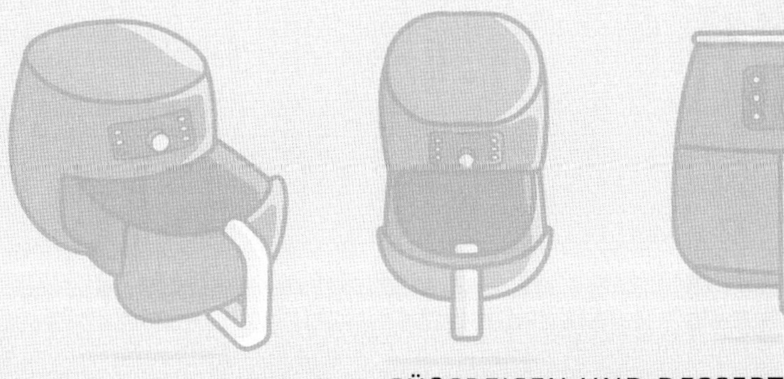

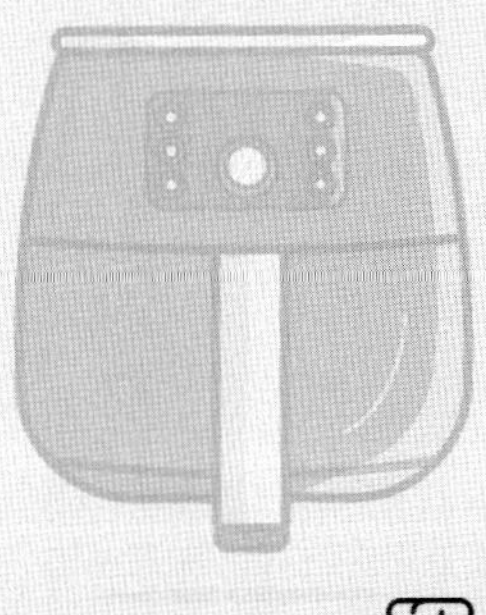

WEIHNACHTSSTOLLEN

2 Port. 40 Min. Leicht

Zutaten

250 g Mehl
100 g Butter
125 g Magerquark
40 g Puderzucker
1 TL Backpulver
1 Ei
1 Pr Salz

Nährwerte p. P.

241 kcal
29 g Kohlenhydrate
12 g Fett
4 g Eiweiß

1 Verkneten Sie alle Zutaten miteinander zu einem glatten Teig und teilen Sie diesen in der Hälfte durch.

2 Backen Sie die Stollen bei 175 °C etwa 30 Minuten lang.

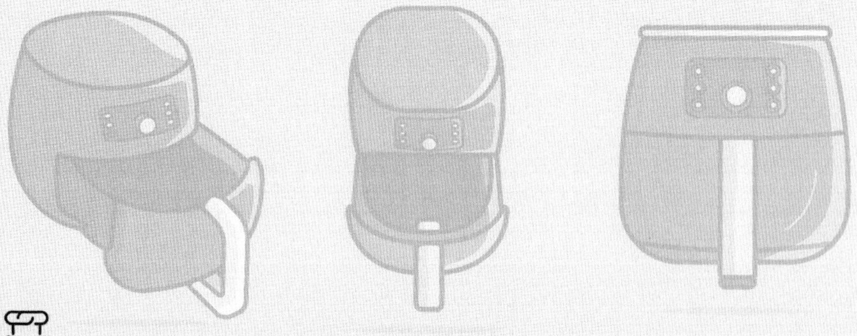

APFELTASCHEN

6 Port.

35 Min.

Leicht

Zutaten

1 Pck. Blätterteig
4 Äpfel
1 Ei
15 ml Rapsöl
25 g Zucker
1 TL Zimt
1 EL Maisstärke
1 TL Wasser

Nährwerte p. P.

360 kcal
52 g Kohlenhydrate
16 g Fett
4 g Eiweiß

1 Verrühren Sie die Maisstärke mit dem Zucker und dem Zimt.

2 Schälen Sie die Äpfel und schneiden Sie sie in möglichst kleine Stücke. Vermischen Sie die Apfelstücke mit der Zuckermischung.

3 Schneiden Sie den Blätterteig in 6 Rechtecke. Verquirlen Sie das Ei mit dem Wasser. Verteilen Sie die Äpfel auf die Blätterteigstücke.

4 Bestreichen Sie die Ränder des Blätterteigs mit dem Ei und klappen Sie die Apfeltaschen zu. Bestreichen Sie die Oberflächen mit dem Ei.

5 Geben Sie die Apfeltaschen für etwa 25 Minuten bei 200 °C in die Heißluftfritteuse.

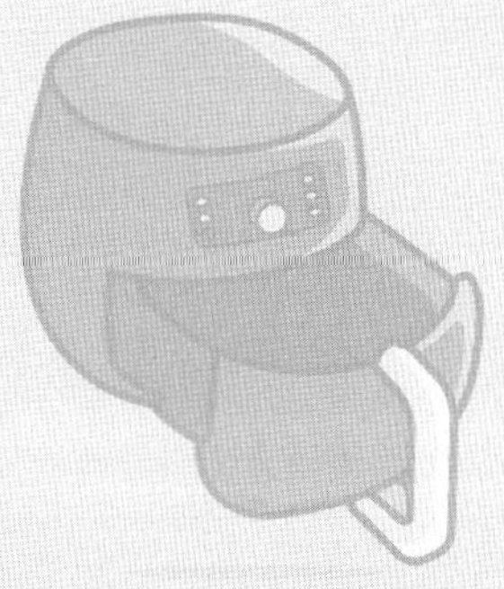

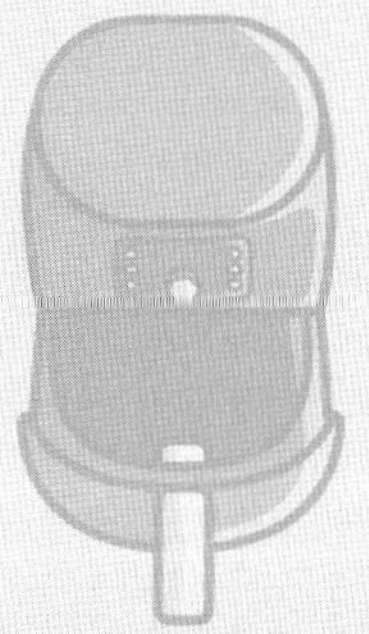

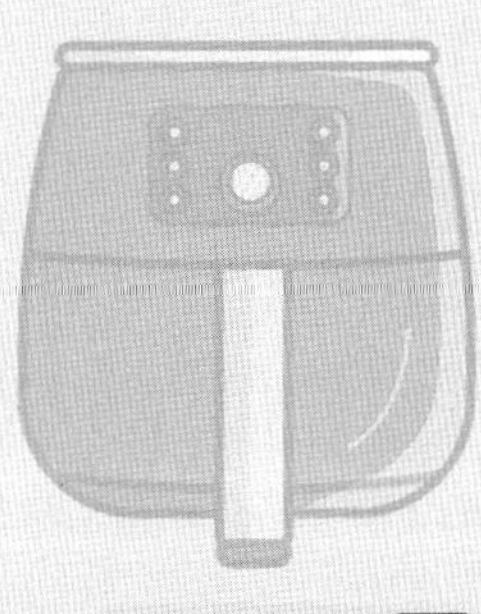

QUARKBÄLLCHEN

 10 Port.

 40 Min.

 Leicht

Zutaten

120 g Weizenmehl
125 g Zucker
130 g Quark
3 Eier
1 Pck. Vanillezucker
½ Pck. Backpulver
1 TL Butter

Nährwerte p. P.

680 kcal
115 g Kohlenhydrate
15 g Fett
20 g Eiweiß

1 Verrühren Sie alle Zutaten zu einem glatten Teig.

2 Formen Sie den Teig zu Kugeln und geben Sie ihn bei 180 °C für ca. 20 Minuten in die Heißluftfritteuse.

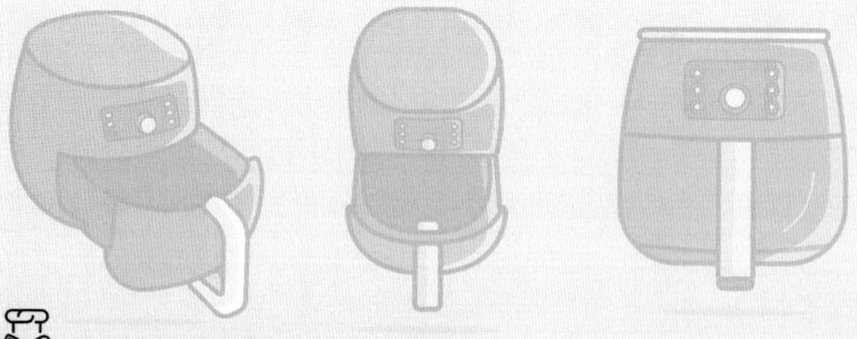

RICOTTA-ZITRONEN-KUCHEN

1 Port.

30 Min.

Leicht

Zutaten

500 g Ricotta
3 Eier
150 g Zucker
1 Zitrone
3 EL Maisstärke
2 TL Vanillearoma

Nährwerte p. P.

299 kcal
36 g Kohlenhydrate
13 g Fett
9 g Eiweiß

1 Verrühren Sie den Ricotta mit allen weiteren Zutaten, abgesehen von der Zitrone.

2 Reiben Sie nun die Schale von der Zitrone ab und pressen Sie den Saft aus. Rühren Sie beides unter den Teig.

3 Füllen Sie den Teig in eine Backform, die für die Heißluftfritteuse geeignet ist, und backen Sie den Kuchen etwa 25 Minuten lang bei 160 °C aus.

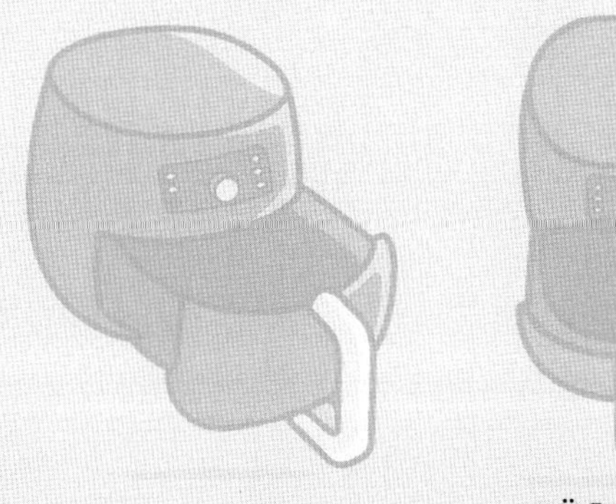

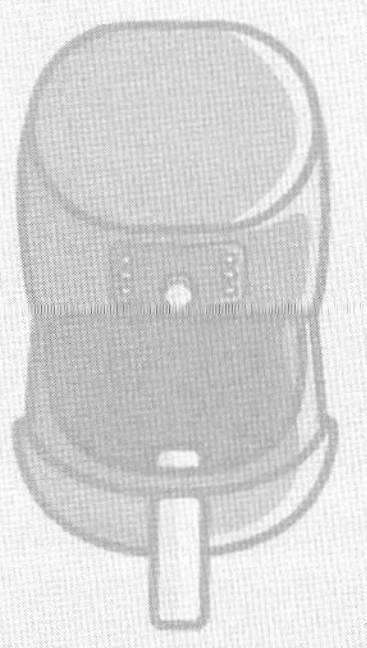

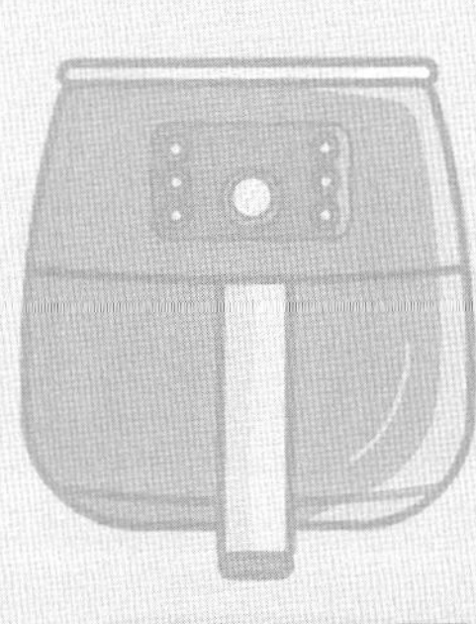

VEGANE BROWNIES

4 Port.

30 Min.

Leicht

Zutaten

50 g Mehl
75 g vegane Margarine
75 g vegane Schokolade
60 g Zucker
50 g Apfelmus
30 g gemahlene Walnüsse
1 Pck. Vanillezucker
1 Pck. Backpulver

Nährwerte p. P.

823 kcal
21 g Kohlenhydrate
81 g Fett
2 g Eiweiß

1 Bringen Sie die Schokolade und die Butter in einem Wasserbad zum Schmelzen. Verrühren Sie alle Zutaten miteinander.

2 Geben Sie den Teig in eine für die Heißluftfritteuse geeignete Form. Backen Sie die Brownies bei 180 °C für etwa 20 Minuten.

GEBACKENE ANANAS

4 Port.

20 Min.

Leicht

Zutaten

½ Ananas
2 TL Zitronensaft
1 EL Honig
1 EL Kokosflocken

Nährwerte p. P.

96 kcal
19 g Kohlenhydrate
1 g Fett
1 g Eiweiß

1 Legen Sie den Boden der Heißluftfritteuse mit Backpapier aus.

2 Entfernen Sie die Schale der Ananas und schneiden Sie das Fruchtfleisch in Stücke.

3 Vermengen Sie den Honig mit dem Zitronensaft und wälzen Sie die Ananasstückchen in dieser Mischung. Streuen Sie die Kokosflocken über die Ananas.

4 Garen Sie die Ananas bei 200 °C für etwa 12 Minuten.

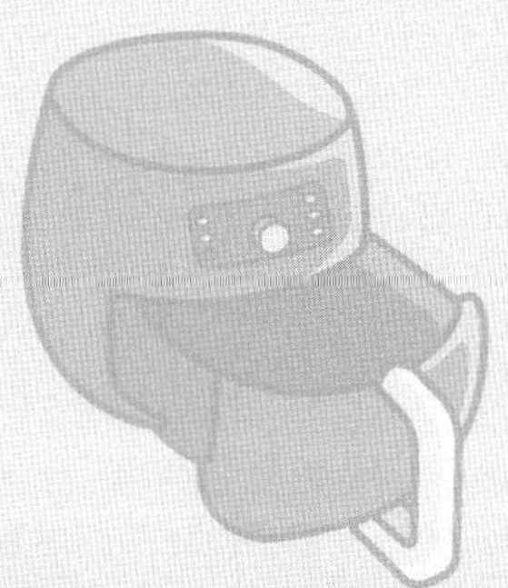

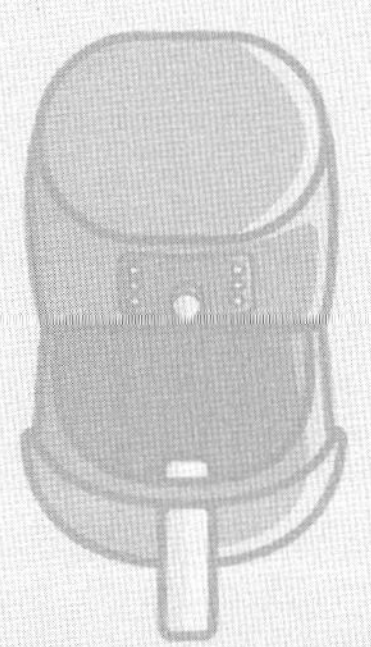

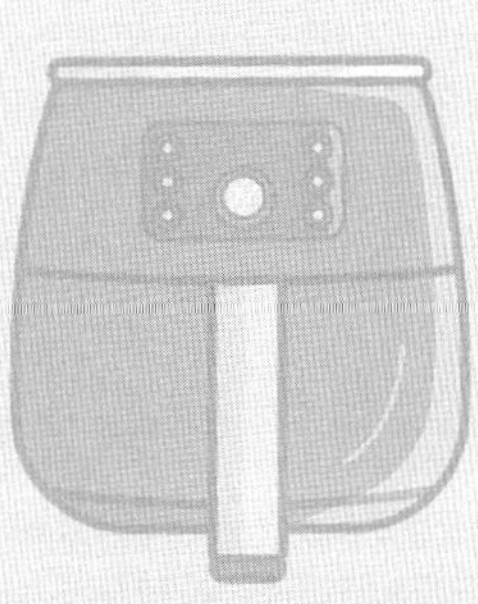

MINI-BERLINER

10 Port.

15 Min.

Leicht

Zutaten

500 g Weizenmehl
250 ml Milch
100 g Marmelade
70 g Zucker
40 g Puderzucker
1 Hefewürfel
1 Ei

Nährwerte p. P.

284 kcal
58 g Kohlenhydrate
2 g Fett
7 g Eiweiß

1 Bröseln Sie die Hefe in die Milch und geben Sie auch den Zucker dazu.

2 Verrühren Sie das Mehl mit den verbliebenen Zutaten, abgesehen von der Marmelade und dem Puderzucker. Geben Sie zum Schluss die Hefemilch dazu und verkneten Sie alles zu einem glatten Teig.

3 Formen Sie den Teig zu Kugeln und geben Sie sie bei 170 °C für etwa 7 Minuten in die Heißluftfritteuse.

4 Befüllen Sie die Berliner mithilfe eines Spritzbeutels mit der Marmelade. Bestreuen Sie die Berliner mit Puderzucker.

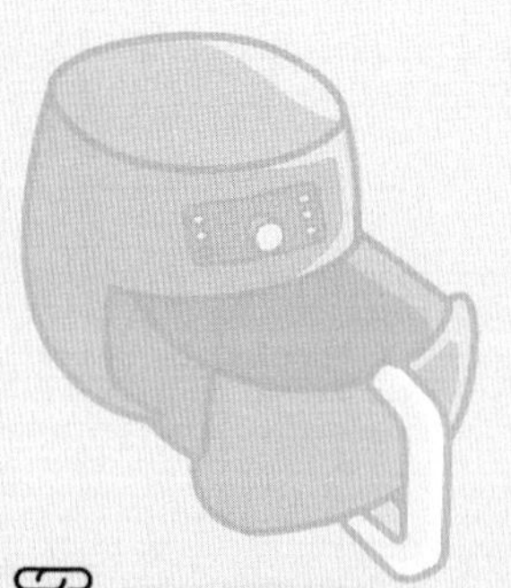

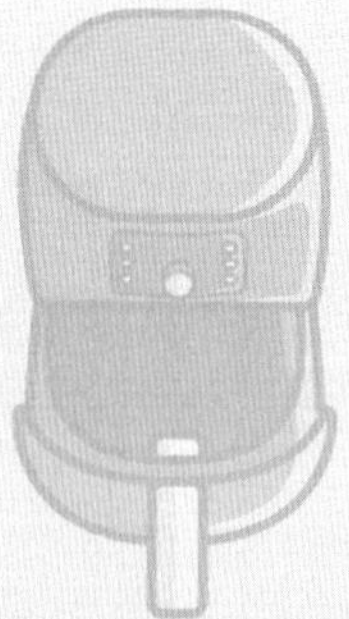

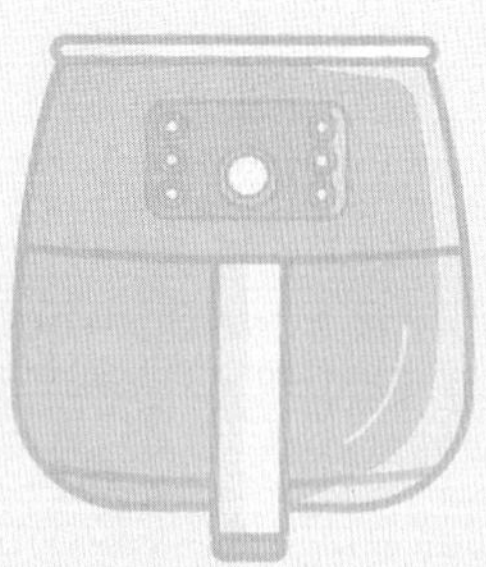